独孤信

三朝国丈的弘雅大略

灵 犀◎著

北京燕山出版社
BEIJING YANSHAN PRESS
YSP

图书在版编目（CIP）数据

独孤信：三朝国丈的弘雅大略／灵犀著．—北
京：北京燕山出版社，2017.1
ISBN 978－7－5402－4006－6

Ⅰ.①独…　Ⅱ.①灵…　Ⅲ.①独孤信（502－557）
—传记　Ⅳ.①K827＝392

中国版本图书馆 CIP 数据核字（2017）第 020113 号

独孤信：三朝国丈的弘雅大略

作　者	灵　犀
责任编辑	刘　冉
设　计	张合涛
责任校对	史小东
出版发行	北京燕山出版社
地　址	北京市西城区陶然亭路 53 号
电　话	010－65243837
邮　编	100054
印　刷	河北信德印刷有限公司
开　本	710mm×1000mm　1/16
字　数	180 千字
印　张	16.75
版　次	2017 年 7 月第 1 版
印　次	2024 年 1 月第 2 次印刷
定　价	58.00 元

版权所有　违者必究
如发现印装质量问题，请与印厂联系

序　言

魏晋南北朝，又称三国两晋南北朝。回望这三百六十九年，不难发现，从公元222年孙权称王，到公元589年隋灭陈朝统一南北，其间只有三十七年相对稳定的时期。

朝代嬗递，政权更迭，已为魏晋南北朝时期打上了"乱世"的标签。然而，无论是之前的三国西晋时期，还是之后的东晋十六国南北朝时期，整个社会与人心，无不是一边痛苦地呻吟着，却又一边恣意地喧闹着。

正如陈寅恪《李唐氏族之推测后记》中所述："李唐一族之所以崛兴，盖取塞外野蛮精悍之血，注入中原文化颓废之躯，旧染既除，新机重启，扩大恢张，遂能别创空前之世局。"无独有

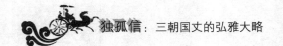

偶，田余庆先生也在《中国古代史上的国家统一问题》一文中说："汉族如果要是不经过五胡十六国的局面搞出一个民族大融合来，汉族还是原来的汉族，那就没有隋唐的局面。因为隋唐时期的发展，包含着大量非汉族的血统、非汉族的文化、非汉族的各个方面的因素在里头。"

确实如此，胡汉文化的高度交融，正是被这样一个纷乱如麻的割据时代催生出来的。统一与融合自然是历史的主旋律，但在隋唐王朝的前夜，有一个源于武川、建于关陇、盛于隋唐的军事贵族集团，一样值得我们去关注。因为，这个集团贯串了由弱而强的西魏、由强而盛的北周，筚路蓝缕地将中国的历史推入了一个新天地。

在南北朝后期，一度强大的北魏帝国分裂为西魏和东魏两个互相敌视的政权。西魏这边，以宇文泰、独孤信等人为柱国，拱卫朝廷，史称"西魏八柱国"。

1981 年，一位学生偶然拾得一个新奇的印章。经专家考证，可以确认这枚多面体煤玉组印，正是属于独孤信的，印章所制的时间，应在他大统十六年出征东魏之前。

这枚印章十分别致，呈 8 棱 26 面球体，其上有 14 个正方形印面都镌刻着上书印文、书信印文、行文印文，比如，"臣信上疏""大司马印""柱国之印"。多面体的印章已是世所独有，其上的楷书阴刻，更标志着楷书入印至少不晚于南北朝时期，文献价值非比寻常。

如今，这枚印章已是博物馆中陈列的稀世珍宝。斯人不存，古物犹在，引人不禁想去探寻——它的主人到底身兼多少职衔，身负多少传奇。

能制出这样印章的人，必然不简单。我们的传主独孤信，原名如愿，鲜卑小字期弥头。

作为与潘安、兰陵王相比肩的著名美男，他留下了侧帽风流的风流佳话；作为文武双全的柱国大将军，他也留下了"为百姓所怀，声振邻国"的千古美名。这已是不朽的传奇，而更重要的是，独孤信是整个西魏八大柱国中，除宇文泰以外对后世影响最大的一个人物。

他有七个儿子，其中六子俱任官职，后人亦在隋唐时期有一定影响力；他还有七个女儿，其长女是北周明敬皇后（追封），第四女是唐朝元贞皇后（追封），第七女是隋朝文献皇后独孤伽罗。

这就是说，北周明帝宇文毓是他的女婿，隋文帝杨坚是他的女婿，隋炀帝杨广是他的外孙，唐高祖李渊是他的外孙，唐太宗李世民是他的曾外孙。

自古以来，外戚世家不少，比如西汉王家、东汉梁家等，但没任何一个比得上独孤家族，这也包括北宋的符彦卿家族和近代的宋嘉树家族。所以，独孤信不仅是南北朝的顶级男神，还是前无古人后乏来者的三朝国丈。

故此，史书赞曰："三代外戚，何其盛哉。"只是，对于过往的人事代谢，浅尝辄止的态度并不可取。鲜花繁叶之下，往往荆棘丛生，我们不该对此视而不见。

其实，走进那段兵戈扰攘的岁月，才会发现，"史上最牛岳父"的生活，并不如我们想象一般风光，但也正因如此，他才更

像是一个人——一个有血有肉、有悲有喜的人。

　　已有的中国历史人物评传，大多是面向耳熟能详的帝王将相，但对南北朝的历史人物却少有提及。笔者对此深觉遗憾，遂在参阅诸位名家专著的基础上，在朋友的帮助下，完成了这本评传的写作。

　　本书在评述传主独孤信的生平时，同时介绍西魏北周的政治军事以及社会状况。限于个人识见、笔力等原因，拙著或许未能臻于至善，但有谬误、缺漏之处，望读者朋友们不吝斧正。

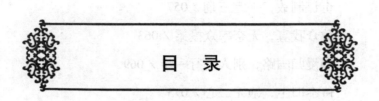

目　录

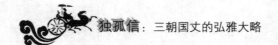

第一章　乱世英豪出北塞

时　间：登国元年（386 年）——永安二年（529 年）

皇　帝：道武帝拓跋珪、孝文帝元宏、宣武帝元恪、文
　　　　景帝元愉、孝明帝王元诩、少帝（幼主）元
　　　　钊、孝庄帝元子攸

年　龄：1—27 岁

关键词：北魏简史，姓氏起源，六镇起义，回归官军，
　　　　单挑敌首，击败伪军

出身战俘的武将

北魏末年，六镇起义之后，各地蜂起的义军，不断锤击着王朝的心脏。这时，镇压义军已成为豪强尔朱荣的首要任务——皇帝元子攸是他拥立的，皇后也是他的女儿，他必须尽力而为。

当然，尔朱荣并不是什么忠臣，其所作所为也只是为篡夺皇位做铺垫。只不过，他一共铸了四次金人以测祸福，却一次也没成功，短时间内不敢妄动罢了。

河北义军首领葛荣这时已坐拥燕、幽、冀、定、瀛、殷、沧七州，西逼并州、肆州，又自称天子，建号为"齐"，改元"广安"。到了永安元年（528 年）八月，葛荣率领部众，意在夺取邺城建都，所经之处烧杀抢掠，给老百姓带来了深重灾难。

尔朱荣在九月间率领七千精兵，以每人备马二匹的规格，驰

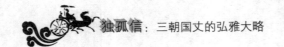

出滏口（今河北磁县西北），在邺城之前截住葛荣。

葛荣这头号称百万之众，一听说对方人马稀零，既乐不可支，又麻痹大意，甚至抛下只用长绳捆绑官军的"豪言"。可惜的是，驰骋沙场四年的葛荣，遇上了比他更骁勇善战的尔朱荣，雄图霸业便这样化为了泡影。

最后，葛荣全军溃败，尔朱荣俘虏数万。

尔朱荣先前虽然制造了河阴之变，血腥屠杀皇室和士族，但这次却优待俘虏，不妄加屠戮，先让他们自由离走，再来量才录用。

在众多新附的俘虏中，尔朱荣尤其看重一个面容俊美、身材昂藏的青年男子，很快将他提升为麾下别将。他便是中国古代十大美男之一，"西魏八柱国"之一独孤如愿（后赐名为"信"），他更是史上最早的三朝国丈——北周明帝宇文毓是他的女婿，隋文帝杨坚是他的女婿，隋炀帝杨广是他的外孙，唐高祖李渊是他的外孙，唐太宗李世民是他的曾外孙。

据《北史》的记载，独孤如愿"美容仪，善骑射"，且不说能力大小，仅仅看仪容气质，已能抓人眼球。毕竟，尔朱荣也是"洁白，美容貌，幼而神机明决"的，漂亮人看漂亮人，总会格外顺眼。这也是对"惺惺相惜"的另一种诠释吧。

北魏是鲜卑族拓跋珪建立的北方政权，按说，出身鲜卑贵族的独孤如愿，本是不该出现在义军阵营的，这事还得从独孤如愿祖上说起。

独孤如愿，本是云中（今内蒙古托克托东北一带）人。云中在北魏相当长一段时间，颇受重视——城东有供皇帝北巡时驻跸休息的云中宫，东北方则有军事城堡白道城。

这个云中，是战国赵地，与白起、王翦、廉颇并称为"战国四大名将"的李牧就曾在此驻防，以抵御胡人的袭扰。谁曾想，此处经秦汉三国再至北魏，竟成为鲜卑拓跋部的一块领土呢？所以说，历史总是出人意料，不全为人力所左右。

《水浒传》中，李逵有一句话说，"皇帝轮流做，明年到我家"，这算是至理了。南北朝时期，南方政权不断嬗递，依次经历宋齐梁陈四个朝代，统治时间最长的刘宋政权不过才59年，但这个拓跋魏（元魏）政权，即便只截至两魏分裂时计算，也维系了148年（386—534年）。不得不说，这是得益于北魏历代帝王的英睿头脑与铁血统治。

北魏拓跋氏之初，到底有36个部落，还是46个部落，《魏书》和《北史》的说法不一。宋元之际的史学家胡三省取前者，并认为独孤如愿的先祖伏留屯，"与魏俱起，为部落大人，遂为独孤部"。

"部落"是由血缘相近的氏族组成的群体，"大人"则是古代北方部族首领之称。胡三省的说法基本属实，相比《晋书》中，独孤部落源于东汉皇孙刘进伯的说法可靠得多，但仍有笼统之嫌。

今人按独孤部所在居所分析研究，认为独孤部当是来源自河东匈奴。简单说来，前赵（304 – 329年）的权臣靳准篡国之后，又被光文帝刘渊的养子刘曜灭族。刘曜（昭文帝）登上帝位后，赵王石勒又割地自立，导致国家分裂，此时，遗留在并州北部的匈奴遗民，便顺势组成了新的部落，其中一部自名为"独孤"。

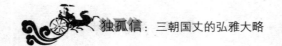

其实，不单是"独孤"一部，屠各、宇文、沮渠、贺兰、铁弗、稽胡等新部落的出现，都是匈奴后裔重组的结果。日本史学家宫崎市定等人认为，独孤部是鲜卑化了的匈奴部族，这说法是经得起推敲的。

329 年，前赵灭亡，东晋也平定了苏峻、祖约之乱，而北魏的前身代国，已经和东晋有了密切往来。其实，上溯东汉之前，鲜卑拓跋部首领诘汾已率众西迁，进入了漠北地区；到了力微时代，拓跋部又先后迁往云中、盛乐（今内蒙古和林格尔）。这时，仍处于氏族部落联盟阶段的拓跋部，虽然还很落后，但已与曹魏、西晋产生了联系。

与中原王朝的联系发生质的飞跃，是在力微之孙猗卢时。西晋建兴三年（315 年）时，拓跋猗卢因曾帮助西晋并州刺史刘琨对抗刘聪和石勒，被对方先封为代公，后进为代王。

独孤部大概也就是在这段时间组建而成，并在 338 年，拓跋什翼犍建立代国之前，被武力镇服，进而融入其间。

376 年，前秦昭宣帝苻坚攻灭代国，十年后，什翼犍之孙拓跋珪聚集旧部，在牛川（今内蒙锡拉木林河）重建代国，迁都盛乐，同年四月，听纳汉人崔宏之言，改国号为"魏"。他便是北魏开国皇帝道武帝。

在魏初的部落中，独孤部地位显赫，世代与拓拔皇室联姻，开国皇帝拓跋珪的两位姑母，更曾许给独孤部的首领与王子，明元帝拓跋嗣的生母亦为独孤氏。

当然，世系流传有序的独孤氏家族，除了祖于代北云中的独孤如愿，还包括源于中山、活跃于北齐北周的独孤永业（本姓刘，随养父姓），及北周和隋代名臣独孤楷那一支，他家出自陇西成纪李氏，实为汉人。

独孤如愿的先祖伏留屯的具体事迹已不可考，其后，沿着"路孤——眷——去斤（有居斤）——初豆伐（俟尼）——者（库者）——独孤如愿"的世系走下来。

史载，独孤如愿的祖父俟尼，在北魏第五位皇帝文成帝拓跋濬和平年间（460—465 年），镇守武川（今内蒙古武川县），很建了些功业，并在此安家立户。

独孤如愿的父亲库者，曾担任过领民酋长，为人豪迈守义，很受时人推崇。独孤如愿在这种家庭长大，从小濡染着父亲的性情，气度自然是不凡的。

独孤库者生活在孝文帝元宏、宣武帝元恪在位期间。太和二十三年（499 年）时，元恪即位为帝，次年改年号为"景明"。独孤如愿生于景明三年（502 年），在这三四年间，宣武帝已办成了两件大事

一是扩建洛阳，进一步巩固汉化成果；二是南伐大齐，扩张土地。

20 岁左右的年轻皇帝，做起事来就是干劲十足。当年，父亲孝文帝做出了多少努力，忍耐了多少冷语，才有今日的成就，做儿子的看在眼里，也记在心里，没有理由不站在巨人的肩膀上，再图伟业。

另一方面，萧道成在 479 年代宋建齐后，如今的皇帝萧宝卷（齐末帝，后被贬为东昏侯）十分昏暴，很不争气，这正是南北一统的好时机。

然而，宣武帝没想到的是，国祚仅仅维持23年的南齐确实亡国了，但却不是亡于北魏之手，而是祸起于萧家院墙——皇室同族荆州刺史萧衍杀掉萧宝卷后，先立萧宝融为帝，而后在502年受禅建梁。

宣武帝对此也不灰心，南伐的脚步并未停下，直至永平元年（508年），北魏已攻占了扬州、荆州、益州等一些地区，国势达到极盛。

但是，舆图空前扩张的北魏王朝，却陷入了另一场危机中。这危机来自于内政——以元禧、元详为首的宗室亲王，以高肇为首的外戚集团，他们有的侵占田地，有的垄断盐铁，有的卖官鬻爵，将本来就暗藏反动势力的王朝搅得乌烟瘴气。历史告诉我们，百姓一旦对国家失望了，反抗的怒火就很难被扑灭。

独孤如愿的幼年，便处在北魏外强中乱的诡异氛围中，过得并不安稳。

鲜卑人，照旧俗都有个鲜卑小名，比如独孤如愿的老朋友宇文泰，便有小名唤"黑獭"，后来让独孤如愿痛恨不已的高欢，也有小名叫"贺六浑"。"期弥头"是独孤如愿的小名，含义已不可考，但对"如愿"这个名字，却不能不使人联想到《荆楚岁时记》中的记载。

《荆楚岁时记》中说，南北朝时，北方百姓每到正月初一，便会把串起来的小钱绑于竹竿末端，绕秽土先转圈后投打，口呼"如愿"。

这个习俗里的祝福之意，是显而易见的，独孤库者给孩子取名为"如愿"，不一定与之没有关联。

独孤如愿生得俊美，其母费连氏也应该品貌不俗。鲜卑族多复姓，费连氏是代北复姓之一，在孝文帝迁都洛阳后，改为汉姓"费"氏。在汉化改革中，孝文帝总是身体力行的，一早便改皇族为"元"氏，而独孤氏也在此时被改为"刘"氏。

那么，既然孝文帝在史书中是被写作"元宏"的，为何独孤如愿却不被写为"刘如愿"或是"刘信"呢？

这就不得不从时下的角度来重新评价一下孝文帝的汉化改革了。

【注】云中所在位置有三处，按照普遍说法，即今山西大同，经考据，此说法并不准确。另，鲜卑族独孤部的来源有好几个说法，本文采信的是宫崎市定的说法。

一半是猛士，一半是潮男

公允地说，孝文帝的汉化改革，彻底打破了鲜卑贵族和汉族士大夫的心理壁垒，毫无疑问有利于北魏王朝正统地位的确立；但实际上，鲜卑贵族中不乏保守派，他们不但全盘否定改革，还固守着鲜卑旧俗，坚决跟皇帝唱对台戏。

独孤如愿一家之所以保留了原来的姓氏，那是因为他们没有随迁到洛阳去。如同孝文帝不能强制原代地百姓的生活习惯一般，他也无法令他们乐于接受新的身份。

随孝文帝南下接受汉化的"南迁鲜卑"，由于接近权力中心，所获的待遇必然高于留在代北的"原住鲜卑"，这样一来，二者

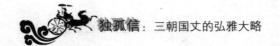

之间的矛盾也日益加深。

原住鲜卑人数不少，主要集中在六镇。为了抵御柔然，镇服高车，北魏先后设置了怀荒（今河北张北）、柔玄（今内蒙古兴和西北）、抚冥（今内蒙古四子王旗东南）、武川（今内蒙古武川西）、怀朔（今内蒙古固阳西南）、沃野（今内蒙古五原东北）等军镇。

这些军镇自东向西而设，对于拱卫京畿，曾起到过至关重要的作用。因此，镇守六镇的将卒大多是拓跋部贵族或中原强宗子弟，镇民也多是鲜卑拓跋部民，向来地位极高。可他们没想到，有朝一日自己的地位和待遇会骤然下降，免不了心存怨恨。

最让原住鲜卑怨念的是，有过当罚的政治囚犯也每每被贬谪到边镇，这摆明了朝廷不仅把他们视为异类，还当作了包袱。

不被尊重的镇民想要改变身份，也不可能。因为，他们是世袭为兵的府户。故此，独孤如愿一家，纵然想改变镇将身份，摆脱被歧视的命运，也不太可能——除非天下大变。

俗语说，"乱世出英雄"，在乱世的时代大熔炉中，弱者"浮萍自合无根蒂"，过着"一身不自保"的生活，唯有手握长缨，有心结束乱世，给百姓带来安稳生活的强者，才能存活下来并被历史铭记。

纵观独孤如愿一生，与他有过交集的人，大多是后者。这便决定了，他必将拥有一段既强强联手又强强厮斗的精彩人生！

孝明帝正光五年（524年），独孤如愿22岁，六镇起义全面爆发了。当初，宣武帝在位时，尚能制住动乱，到了其子孝明帝元诩在位时，对边镇兵乱四起的局面已失去了控制力。

兵乱四起，北魏的列车本来已处于脱轨边缘，哪里经受得住这样的冲撞？为了自身的安危，孝明帝和实权者胡太后，便将求救的目光投向了边镇的军事豪强们。

去年，义军首领破六韩拔陵在沃野镇起兵后，先派遣别将卫可孤进逼怀朔，首战不利，才又转攻武川镇。今年，随着武川镇和怀朔镇的陷落，北魏边地已是危机重重。

卫可孤在作战中，擒获了武川豪强贺拔度拔、贺拔胜父子。正在他志得意满时，这对父子却与人合谋，将其袭杀。合谋的人并不少，但青史留名的，主要是独孤如愿、宇文肱（宇文泰父）和念贤，可见他三人在此间起到的作用。

很显然，这个时候，独孤如愿和他戍守边镇的父亲一样，是站在朝廷的立场上的。因此，他才选择与贺拔度拔合作，凭自己的头脑和勇力，为国分忧。

说起这个贺拔度拔，实在来头不小，他的三个儿子贺拔允、贺拔胜、贺拔岳更是人中豪杰，一个投靠了高欢；一个重用了独孤如愿；还有一个则将宇文泰视为左膀右臂。

因此，可以说，独孤、宇文、贺拔和高氏等家族，一起构成了这个乱世里关系最复杂、纠葛最繁复的网络。

不久后，贺拔度拔阵亡，北魏统治者无奈之下求助于柔然。

正光六年（525年）三月，柔然可汗阿那瓌应邀而来，率众镇压六镇起义。出身于契胡的豪强尔朱荣也"散畜牧，招合义勇，给其衣马"，为剿灭义军的"国之大业"出力不少。

不久后，破六韩拔陵主力溃败，他自己本人也下落不明，很有可能已命丧柔然之手，但第二年，关陇、河北等地又爆发了大

规模起义。同年八月，柔玄镇兵杜洛周又在上谷（今北京延庆）聚众造反，并在孝昌二年（526年），南下幽州。

自从独孤如愿计斩卫可孤后，他的忠勇名声已传扬了出去，父亲也引以为豪。但如今，趁乱而起的义军像是出匣的饿虎，单单靠他们这几只捕虎的兽夹，已收效甚微。

敌强我弱，为了避乱，独孤如愿做出了重要的选择——远避定州中山郡。从地图上看，中山郡在北魏东面，左邻并州、肆州和井陉关。在这段时间，独孤如愿虽处于事业上的低谷，但却收获了自己的婚姻，也算得到一种慰藉。如罗氏，便是独孤如愿的第一位妻子。

在过去，成功男人背后的女人，事迹也多是阙载的，即便是像武则天、太平公主这样的人物，也没能在正史中留下芳名，因此，有关如罗氏的来历，今人也无法臆测了。

唯一可以肯定的，只有这位鲜卑女子出嫁的大致时间，和她日后悲惨的际遇。当然，这已是后话了。

在独孤如愿暂时退出历史舞台之时，有两个人的"事业"正如火如荼地展开着。第一个人，是葛荣；第二个人，是尔朱荣。两"荣"的对决，十分精彩。

杜洛周在起义成功之后，改年号为"真王"，还得到了高欢、尉景等才俊的归附，一时好不得意。谁知好景不长，在武泰元年（528年）二月，他就被另一支义军首领葛荣给宰了。就这样，杜洛周来也匆匆去也匆匆，很快"领了盒饭"退了场，葛荣则顺势收降了杜洛周的军队。

在这之前，葛荣的实力已很强大，此时兵力达到极盛，不由热血倒冲脑门，忙不迭自号为天子，于是，后人便看到了本文开篇时所述的那一幕。

人们常说，"请神容易送神难"，这话搁在尔朱荣的身上，再合适不过。由于朝廷需要地方豪强来匡扶，尔朱荣又善于灭义军的火，他便凭着过硬的本事上了位。可他一方面"匡扶朝廷"全力镇压义军，一方面又乘机扩充实力，实在是野心勃勃。东汉末年，外戚何进为了消灭宦官，召地方军事将领董卓入京，最终引来天下大乱的一幕又将重新上演。

为了完全控制北魏朝政，就在葛荣取代杜洛周那年，尔朱荣扶持元子攸为帝，将毒杀孝明帝元诩的胡太后投入黄河，并制造了骇人听闻的"河阴之变"，残杀了汉化鲜卑贵族和出仕北魏的汉族士人两千余人（取《资治通鉴》的说法），可谓是丧心病狂。

但在乱世中谋前程的那些人，却并不觉得尔朱荣丧心病狂，就拿破落子弟高欢来说，他跟随杜洛周没几天，就举家叛逃投了葛荣，不久后又换了老板，投奔了尔朱荣。也许，在他眼里，当下炙手可热的尔朱荣，才是最值得他效力的人。

投奔了新主，当然要为他分忧解难。以"清君侧"为名讨伐胡太后的主意，也是高欢提出的。事成之后，高欢更加受到重视，很快被擢拔为尔朱荣的都督。

历来，尔朱荣都因河阴之变，而遭到史家的唾骂，但后世谁都无法否认，他是个军事天才。七千精兵，如何拿下号称百万（实为三十万）的葛荣义军，这里面大有名堂。

尔朱荣先派遣狡猾多诈的高欢阵前诱降，以此来麻痹葛荣，又让几百士兵骑马纵跃，卷起尘土，令对方怀疑他兵马众多。然

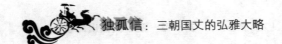

后，尔朱荣派出伏兵，出其不意地偷袭对方。在偷袭过程中，别出心裁地吩咐士兵在袖里暗藏短棒，以便于近距离击杀敌人。

最妙的是，他还下令战后只以大胜作为封赏标准，所以士兵们都有全局意识，一鼓作气，势不可挡地冲散了葛荣的三十万大军。接下来，这虚称百万人马的"雄师"遇上了短棒，也只能全线崩溃，被打得满地找牙了。

这一次，尔朱荣大胆录用俘虏，捡到了两个宝。这两宝，一个是宇文泰，另一个便是独孤如愿，而他们正是关系亲密的发小。

在孝昌二年（526 年）时，宇文泰随父宇文肱加入了鲜于修礼的起义大军。宇文肱很快阵亡，宇文泰却追随鲜于修礼的继承者葛荣，直到葛荣被尔朱荣镇压之后，才改投了官军。

独孤如愿本来在中山低调生活，但却被逼无奈，加入了葛荣义军。《北史》中说，独孤如愿"以北边丧乱，避地中山，为葛荣所获"。仔细琢磨这个"获"字，便不难明白，以独孤如愿的本意，并不甘心加入义军。

因为，葛荣在定州举事后，时常屠戮北塞流民。不是自己人，便是敌人，乱世的生存法则便是如此。为了不被义军冤杀，独孤如愿不得不作权宜之计，加入义军，为自己和家人求一张平安符。

要说人长得好看，就是比较有优势。宇文泰和独孤如愿虽然同时被尔朱荣收编，但前者是在尔朱荣的部将贺拔岳麾下当差，后者却被提拔成了尔朱荣座前的别将。

由此看来，在这个时候，独孤如愿的起点，要比他的死党宇文泰高一些，但人生路还很漫长，完全有可能发生逆转。

虽说，独孤如愿是被迫加入义军的，但从史载的一个细节里，可以窥见他当时的心态。

"信既少年，好自修饰，服章有殊于众，军中号为独孤郎"，这是说，独孤如愿在打仗时，也不愿把自己搞得灰头土脑，蓬头垢面。"头可断，发型不能乱"，现实生活中，不难听见有人这般调侃特别臭美的人，且借此话一用，我们的独孤郎，也是一个"仗可打，身可累，服章不可无"的潮男呢！

但请不要取笑他，因为，这其实并不是一种坏毛病。

"真正的强者，善于从顺境中找到阴影，从逆境中找到光亮，时时校准自己前进的目标"，用挪威戏剧家易卜生的这句名言，来为一个天生俊美，又爱打扮的潮男下注脚，应该是恰如其分的。

今天，我们说一个人的强大之处，便在于他无论身处逆境还是顺境，都能保持向善向上的积极心态。爱美是人的天性，我们有理由相信，拥有这种天性的人，哪怕是在逆境中，也能找到自己的光亮。

身为武将的独孤如愿，美则美矣，但却不会想着靠脸吃饭。眼下，既然生活已回到正轨，接下来，他便不会错过任何一个建功立业的机会！

单骑夺旗，镇守滏口

528年，中国北方共使用了四个年号，这在历史上是极为罕

见的。

正月间，北魏改"孝昌四年"为"武泰元年"，这是孝明帝元诩的第三个年号。胡太后在毒杀了亲儿子孝明帝之后不久，又抛弃了被她伪装成皇子的小公主，让临洮王元宝晖之子元钊继位。

到了尔朱荣废杀皇帝，拥立元子攸为帝时，北魏改元为"建义"；七月二十一日，北魏大赦天下，改元"永安"。

几天后，尔朱荣升为大丞相、都督河北畿外诸军事，独孤如愿随行。

十二月间，让独孤如愿大显身手的机会来了。两个月前，义军首领葛荣在洛阳被斩首示众，但他的余部韩楼却占据幽州，又点燃了起义的烽火。当时，北方饱受祸乱，尔朱荣便任命贺拔胜为大都督，前去镇守中山，独孤如愿也在行伍中。

当时，韩楼手下，有一个干将叫做袁肆周，这人被称为"渔阳王"，平时作战风格彪悍，很不好惹。独孤如愿打算用他来打响名声，而他作战的方式也很出格——单挑。

有的时候，不要一味小看战场上的"个人主义"，因为出格的行为，虽然很冒险，但也可能得到极大的回报。譬如说，尔朱荣在与葛荣作战之前，为了提高全军士气，特意称他如果能一箭双兔，便预示官军能打败葛荣。

须知，不管是将领还是普通士兵，如果敢主动充当"出头鸟"，只要得胜，不但能提高自身的威望，而且还能鼓振士气。既然只要作战就不可避免受到死亡的威胁，那么此举自然也是划算的。因此，排众而出，匹马孤枪，单挑敌匪，这种事情在古代也非他独有。

　　之前，吕布对付郭汜时，便大开城门，在阵前单打独斗。比独孤如愿小十余岁的落雕都督斛律光，在数年后的北齐时代，与北周军在邙山酣战。那一次，斛律光依靠反身一箭的本事，拿下了北周猛将王雄。再往后说，隋朝史万岁单挑突厥将领，后唐周德威先后生擒"夜叉"陈章和单廷珪的事迹，至今都令后人津津乐道。

　　关于独孤如愿单挑并生擒袁肆周的细节，《周书》中所记载为"信匹马挑战，擒贼渔阳王袁肆周"，而《北史》只是照搬过来，也没加入细节的描述。

　　不过，以独孤如愿热衷修饰服章的习惯，我们不难想见他在战场上英姿飒爽的模样。所以说，虽然单挑这种事自古以来都有，但如果单挑的人不仅武力超群，还面目俊美，那定是沙场上的一道风景了！

　　眼见袁肆周没了，这支义军群龙无首，又被挫伤了锐气，很快乱了阵脚。培根说："只有愚者才等待机会，而智者则造就机会。"生擒袁肆周的独孤如愿便是这样一个智者，为自己创造了一个成名的机会。

　　事后看来，此战中立下战功的人并不多。因为，韩楼痛失爱将，便愈发畏惧贺拔胜的威名，不敢继续南侵，贺拔胜也不恋战，战事就此匆匆结束。

　　试想，连军中的一个别将的武力值都那么强，韩楼又怎么扛得住贺拔胜的猛攻呢？这种震撼力，和籍籍无名的史万岁阵斩突厥将领的效果，有得一比。

独孤如愿功不可没，因此被尔朱荣格外看重，授予他员外散骑侍郎一职。

"散骑侍郎"这个官职可以追溯到汉朝时设置的散骑，是帝的侍从，虽然品阶不高，但却有很大的升职潜力。"员外"的意思，本是"定员外增置"，是指设于正额以外的郎官，始于曹魏，后来慢慢演变成常制，成为编制内正式官员的职称。

当时，魏文帝将散骑与中常侍合为一官，称作"员外散骑常侍"。这个职官，在内要负责规谏皇帝，类似于今天的中央办公厅秘书或者顾问；在外则要负责骑马散从，要求体力过关。所以，供职之人必须是文武兼备的复合型人才。

到了晋朝，"员外散骑常侍"被更名为"员外散骑侍郎"，南北朝时也将其沿用过来，并且习惯性的在诸多官名前都加上"员外"二字，比如，殿中员外将军、员外司马督等，但他们与员外散骑侍郎同样，属于编制内职官。

由于员外散骑侍郎负责规谏皇帝、评议政治、驳正违失，所以在南北朝时，他们应该是供职于集书省这个顾问机构的。不过，非常时代必有非常安排，事实上独孤如愿大多数时间，都在外作战，没有多少显露他文治才能的机会。

也许，连他自己也不知道，他自己今后会因这种才能受到百姓的拥戴，进而名垂青史。

不久后，尔朱荣再次迁升独孤如愿为骁骑将军，前去镇守滏口。

说起骁骑将军来，最有名的应该是汉武帝时的李广。所谓"冯唐易老，李广难封"，对于箭无虚发屡立战功的飞将军来说，不但不得封侯，而且长期担任杂号将军，到晚年才当上前将军，多少委屈了他，但对年纪轻轻的独孤如愿来说，这已经是绝好的鼓励了。

永安二年（529 年）初，独孤如愿意气风发地前赴滏口。

滏口，对于独孤如愿来说，有着不可磨灭的印象。他不会忘记，骄傲自满的葛荣便是在这里败给了恶名昭著却足智多谋的尔朱荣，经此一役，他从这里汲取了沉稳慎思的智慧。

滏口即滏口陉，是中国古隘道，与军都陉、蒲阴陉、飞狐陉、井陉、白陉、太行陉、轵关陉一道被并称为"太行八陉"。在古代，太行八陉扼守着晋冀豫三省，至关重要。这种重要性，到了我国抗日战争时期，都没降低。

想当年，晋冀豫根据地，也是以太行山为依托建立，并迅速成为华北战略要地的。作为八路军总部机关所在地，日军曾伤透脑筋，千方百计调集军队围攻。

"滏口"一名的得来，是因滏水（今滏阳河）发源于此。滏口陉北面倚着滏山，南面则靠着神麇山，一千五百年前，一位北塞俊郎就曾带军穿行于此，将一种尚武的精神、昂然的意志播撒在那千米长、百米宽的山间狭道上。

那时候，他在想什么呢？

也许，他会想起东汉建安十年（205 年）时，曹操在这里大败袁尚的情形；也许，他会想起东晋太元十九年（394 年）时，后燕慕容垂经此入太行陉，灭掉西燕的情形。作为晋冀豫的要隘，交战中的双方既是在恶斗，又是在争取名显于世、建功立业的机会！

长风破浪，沧海欲济，古来仁人志士所求的，便是如此。

其实，三年后，这里还将发生一件对独孤如愿有间接影响的大事，只不过，在他短暂的镇守时间内，这里却是太平无事。

最迟这年五月时，独孤如愿便有了新的任务。这任务与继位不久，还没坐稳皇位的元子攸有关。

从年初到五月，北魏就没消停过，而这话要从 527 年说起。那时，北海王元颢战功卓著，屡得升迁。他比尔朱荣更早受命赴前线作战，但却没料到那人趁机改立皇帝，屠戮皇室。为求自保，元颢将心一横，索性南下投梁了——汝南王元悦、临淮王元彧，比他去得还早。

梁武帝萧衍求之不得，顺势封元颢为"魏王"。说来也可笑，作为北魏死敌的梁，竟然封一个前来投诚的宗室王爷为"魏王"，其用心实在昭然若揭。

即便他们不主动生什么幺蛾子，北魏皇帝和尔朱荣一旦得空，也不会放过他们的。事实上，萧衍很快便做出了谋划，在十月间派出飚勇将军陈庆之为他护驾，一起北上夺权。

尔朱荣犯下滔天大罪堪比董卓，元子攸又是由他所立的皇帝，元颢当然觉得自己这做法挺硬气的，并且，他心中的如意算盘也打得噼啪作响，绝不会甘心做一个听命于梁的傀儡。过河拆桥这种事，只要未来成熟，不妨一试。

世上很多传奇人物，往往都因以少胜多的战役，被人们称颂。

如果说，尔朱荣是剿灭义军的能手，那么，飚勇将军陈庆之，便是这场南北之战的绝对主角。巧合的是，他所带的兵马，与尔朱荣一样，也只 7000 人。

这一伙子人来了，在葛荣刚刚受斩于洛阳时，便来了。当月，陈庆之闪电作战，袭取北魏铚城，很快又攻破了荥城。

北魏这边，有可能是没把陈庆之当盘菜，也有可能是要把好钢用在刀刃上，所以只让大将军元天穆领军，先剿灭青州义军首领待邢杲，平定齐地，再顺便讨伐元颢。

却哪能想到，陈庆之抓住这个有利的战机，一路飙进，到了第二年，已有能力逼犯北魏梁国睢阳（今河南商丘南），在一日之内拿下三座城池了呢？

睢阳对于元颢来说，无疑是崭新的起点。在陈庆之的帮助下，他在城南顺利登基，身在洛阳的元子攸闻讯后，恨得咬牙切齿，怕得胆战心惊。

他将做出怎样的决定呢？这个决定对独孤如愿来说，又有什么样的影响呢？

击败元颢党羽，再立新功

元子攸的年号为"永安"，这说明他渴望长久的安宁，但眼下这对手来势太猛，竟然以一当十，以一当百的用，不但拿下荥阳等重地，还一路杀到洛阳来，他怎能得到安宁？

在陈庆之杀入洛阳的前夕，元子攸做出了决定。

"檀公三十六策，走是上计"，元子攸不是檀道济，但脚底抹油的功夫任是谁都无师自通。无主的洛阳城迟早被陈庆之拿下，

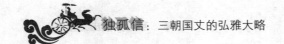

这也不难想知。不过，元颢在洛阳称帝后，既没想过去凝聚人心，又被尔朱荣的部队重重包围，形势不容乐观。

如果试着将元子攸和元颢的身份拿来比较，会发现，两人虽然都是献文帝拓跋弘的孙子，但前者是有"文谋武略"的彭城王元勰的儿子，后者却是有"贪淫之失"的北海平王元详的儿子，这样一来，他两人在时人心目中，便有了不小的差距。

因此，元颢在内不受人欢迎，在外又被尔朱荣盯得死紧，他注定成为众矢之的，注定成不了大气候，倒是不断苦撑的陈庆之，凭这 7000 人克敌制胜的英雄事迹，在史册上留下了浓墨重彩的一笔。

从铚县到洛阳，四十七次全胜，三十二座城池，都是陈庆之的赫赫功业，由于军中上下都穿着白袍，所以洛阳城中也传出了"名师大将莫自牢，千兵万马避白袍"的童谣。

其实，陈庆之并不擅长骑射，但是韬略过人，带兵有方。此外，不为大众所知的是，在他军中，有一批专门负责掠夺财物的强盗军来保证补给，他又一直避免与魏军主力正面交战，才取得了辉煌战果。

可惜，那时的元子攸没有看透这一点，以为陈庆之是不可战胜的神话。

元子攸逃出洛阳后，独孤如愿刚好回到京中。这一次，尔朱荣打算任命他为前锋，在黄河北面作战。独孤如愿不负所望，又立下了大功。

在黄河水域系统里，洛阳处于下游。自河南郑州桃花峪以下的河段，便被视为黄河下游。这下游历来都是大量泥沙的汇聚所，独孤如愿在这里和元颢党羽作战，就意味着他要经受敌人和泥沙的双重考验。

当前，有些新的形势还是利于独孤如愿这头的。

这个有利形势来自敌人内部。元颢自从入洛以后，不知是以为自己天命所归，还是抱着及时享乐的态度，又是纵酒淫乐，又是荒怠国事。有道是"上有所好，下必甚焉"，连带着陈庆之的一些部下，也在城中乱搞一气，看得朝臣们直皱眉。有些人先前本来没打算效忠元子攸，这时都忍不住偷溜出城，跑去他跟前诉苦。

元颢比不上元子攸的还有一点——他那过河拆桥的速度，让人心寒。

最先，尔朱荣想自己称帝，曾经软禁过元子攸，之后又在河阴杀了他的两个兄弟，并将已嫁过孝明帝的女儿硬塞给他做皇后，元子攸都一一忍下了。

此时，陈庆之也看穿了元颢的花花肠子，便立刻向梁武帝申请援兵。元颢也很有意思，连忙私下里写了封表文，对梁武帝拍胸脯说："我能行！"

这下可好看了！本来援兵已经集结好了，哪知却被这表文卡在了边境上。"不怕神一样的对手，就怕猪一样的队友"，元颢此举将陈庆之气得够呛。

要知道，就算队友们不齐心，也得先一致对外，再来解决内部矛盾，是不是？可元颢明显没有这样的智商，或者说是气度。

陈庆之有了猪一样的队友，已经很倒霉了，何况，他的对手还真是不可小觑的战将。在尔朱荣的安排下，独孤如愿和敌人展

开了激战。

总的来说，在黄河北面的对抗赛中，陈庆之是占了优势的，三天内打了十一仗，魏军死伤无数，但他没遇上独孤如愿这支部队。他的对手是尔朱荣。

历史无法假设，我们也无法与妄测白袍将军和北塞俊郎谁更厉害，毕竟，作战的因素是多方面的，胜败也不全由军队的灵魂人物决定。

《周书》和《北史》中对独孤如愿在交战中的事迹记载如下，"元颢入洛，荣以信为前驱，与颢党战于河北，破之。拜安南将军，赐爵爰德县侯"，"后以破元颢党，赐爵爰德县侯，迁武卫将军"。

很显然，这个时候，与独孤如愿交战的，是元颢的党羽。同时，不难窥见，元颢的党羽和陈庆之的部队根本没有相融。这种各自为政的做法，哪能与计斩卫可孤、单挑袁肆周的独孤如愿相抗衡？

所以说，官军之所以能打败元颢，独孤如愿出力不少。

陈庆之取得黄河北面作战的局部胜利，便打算将原在北岸的船只调去南岸。这时，尔朱荣想出了个主意，广征民间木材造竹筏。抢渡成功后，尔朱荣连气都不带喘的，就给予洛阳城中的"大魏皇帝"以致命一击。

一切都结束了。

从进入洛阳，到仓皇出逃，不过才六十五天。先是宝贝儿子元冠不幸被俘，再是逃至临颍县的元颢本人被一个叫江丰的小卒发现，一刀结了果。

陈庆之见大势已去，便纠合部队，准备南归，哪知他没被尔朱荣的契胡骑兵给灭了，却遇上难得一见的洪水。谁都没想到，气势如虹的白袍军，会被暴涨的嵩高河水夺走性命和尊严。天不予我，奈何？

说到洪水，不难想起在梁天监十三年（514年）时，梁武帝犯下的大错。

早年，北魏曾侵占寿阳（今安徽省寿县），为了一雪前耻，梁武帝打算采取水攻。就这样，他们"排除万难"，修了浮山堰。不顾实情地大举筑堰，劳民伤财不说，最后的结果也让他大跌眼镜——历时两年，耗费二十万军民的堰坝，竟然在秋汛期遭遇了溃决，让梁这头十万余军民受灾。

仿佛老天就是跟梁过不去，时隔十四年，他们又一次经受了水患的打击，梁武帝的心情可想而知。但如果，先前他肯派出增援部队，结果有没有可能截然不同呢？

总之是，梁武帝此后再没得到过这么好的机会，来反攻北魏，即便是北魏两分时，也没有！

如果以尔朱荣前败后胜的表现来作对比，我们可以认为，独孤如愿在此战中虽说不上战功卓著，但也是大有称道之处。

首先，他从滏口赶来增援，行动迅速，丝毫没延误战机；其次，回到京中，他也认真听从安排，在黄河北岸驻防，圆满完成击败元颢党羽的任务。

在其位，谋其事，这便是衡量一个将领素质高低的标尺。独孤如愿的这种素质，会在以后不断增进，助他迈向人生高峰。

事后，论功行赏，27岁的独孤如愿被赐爵为爰德县侯。

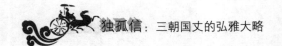

沿着独孤如愿作战的轨迹回看，可以发现，他之所以取得北线作战的胜利，还在于尔朱荣的一个精心安排——当时，他安排独孤如愿作先锋，赵贵作别将。

赵贵和独孤如愿的履历有相似之处，其祖父赵仁，是武川的镇将，与独孤如愿祖父俟尼一样。只不过，俟尼在460—465年镇守武川，而赵仁在职的时间，不太明确。

到了独孤库者这代，赵贵之父的行迹无载。赵贵与独孤如愿产生交集，是在孝昌年间，他带领同乡南迁避难时。那一次，葛荣攻陷中山，既得到了独孤如愿，又得到了赵贵等人才。葛荣兵败后，两人也同样归附了尔朱荣。

时光迅疾，二十余年后，在这对难兄难弟的身上，会发生让人扼腕叹息的事，但在此时，他们的事业正蒸蒸日上，前途一片光明。

说起征讨元颢来，赵贵也很有功劳，因此被赐爵为燕乐县子。相比独孤如愿的爱德县侯一爵，低了两级。接着，赵贵被授为伏波将军、武贲中郎将，独孤如愿则迁升为武卫、安南将军。

历来，在作战双方有了战果后，失败一方就会有不少降兵，这也是极为考验胜利者眼光的时刻。正所谓是，"用人不疑，疑人不用"，哪些人该疑，哪些人该用，一定得看准了瞅好了，才能做出决定。

尔朱荣的同族兄弟尔朱度律的目光，落在了杨忠身上。

杨忠这名字，在今天或许并不十分响亮，但如说起他的后人，便会让人惊叹一句："原来是他啊！"从304年李雄和刘渊建立成汉、前赵政权，直到589年，从东晋十六国延续到南北朝的分裂局面才算真正结束，而结束大分裂时代的那个人，叫杨坚，史称隋文帝。

杨忠在 35 岁那年生下了他，当杨坚建隋后，便追尊亡父为隋朝太祖武元皇帝。

杨忠自称出自弘农杨氏，是东汉太尉杨震十三世孙，父亲杨祯也做了宁远将军。在六镇起义中，杨祯命丧鲜于修礼之手。痛失至亲之后，杨忠先是客居山东泰山，再是被梁俘虏，经过五年的历练当上了直阁将军。

本来，杨忠随同陈庆之作战，回到故国，就有些百感交集，这时被尔朱度律看中，让他做统军，自然是求之不得。

不过，杨忠在军队中，只在最先为尔朱氏出过力，之后却是对年长他五岁的独孤如愿一见如故，结为一生挚友，与他一道转战南北、征讨西东。

第二章　自古忠孝两难全

时　间：永安三年，建明元年（530 年）——永熙三年
　　　　（534 年）

皇　帝：北魏孝庄帝元子攸，长广王（东海王）元晔，
　　　　节闵帝（广陵王、前废帝）元恭，后废帝（安
　　　　定王）元朗，孝武帝（出帝）元修

年　龄：28—32 岁

关键词：连治二郡，傀儡皇帝，关陇源头，双雄对决，
　　　　北魏分裂

治理二郡，初显文治之才

27 岁到 28 岁之间，独孤如愿是比较沉寂的，这或许是因为北魏政局的变化。

前面提过，"永安"这个年号对于北魏皇帝元子攸的意义。实际上，在义军和元颢两股势力，一个被打压，一个被剿灭之后，元子攸的威胁才真正来临。

这个威胁来自于他的好岳父，北魏的实权者尔朱荣。

先前，翁婿俩一致对外，万事都好商量，而当他们不需花大力气对付外敌之时，矛盾便日渐清晰地横亘在了他二人中间。

要论这对君臣，还是元子攸对尔朱荣的恨意更深一些。一是因为，尔朱荣虽暂时不好篡权，但自恃有功，从来没怎么把这女婿放在眼里；二是因为，尔朱皇后过去在前夫那里没少受冷遇，

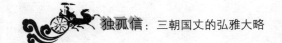

如今一登极位，难免跋扈；三是因为，尔朱荣杀了元子攸的两位兄弟。

如今有人认为，元子攸本是彭城王元勰第三子，很有可能因为他顾忌袭爵的彭城王元劭和弟弟霸城公元子正，而默许尔朱荣在河阴将他们一并宰了。这种说法，并非不可能，但却不是主流意见。并且，从事后的一些蛛丝马迹看来，元子攸应该不是这种人。

而尔朱荣呢？虽然罪恶滔天，但有两个小故事，可以让人对他有更全面的认识。

剿灭元颢之后的第二年，是永安三年（530年）。年初，北魏尔朱荣派堂侄尔朱天光和武卫将军贺拔岳一起去讨伐侵扰关中的万俟丑奴。尔朱天光因为错失战机，愣是被尔朱荣打了一百杖。四月间，尔朱天光立了一功，擒获了万俟丑奴和萧宝夤，还没得意完，两个月后，又因损兵折将，再挨了一百杖，又被贬了职、降了爵。直到七月间，尔朱天光威压义军，使三秦、河、渭、瓜、凉、鄯等州投降，方才复位得赏。

赏归赏罚归罚，就是亲戚也不例外，这是尔朱荣的行事作风。

另一件事，是较为人熟知的，尔朱荣喜好田猎这件事。一般人认为，他不论寒暑都打猎，又命令士卒必须拼死围猎，是出于耽溺享乐和生性残暴的原因，但实际上，他更是要用这种手段来整顿兵马，扫去北魏文武大臣的颓气。

当然，说尔朱荣是用心良苦，肯定是美化了他，因为他虽然曾对太宰元天穆说，他要扫平三荆降服梁，再好好侍奉天子，但其实，在他内心从没放弃过篡夺皇位的想法。

过去，曹魏第四位皇帝曹髦写过一首《潜龙诗》，称他自己本为"黄龙"，却"不能越深渊"，身困井中，受到"泥鳅"欺负。元子攸的情形，和他极为相似。

所以，元子攸很明显不可能让尔朱荣的实力继续坐大，再加上身边又有城阳王元徽、侍中杨侃、尚书右仆射元罗等人的帮助，他终于决定对尔朱荣痛下杀手。

刚好，尔朱皇后有孕待产，元徽等人便劝元子攸趁尔朱荣入朝这个机会谋刺他。大概是老天保佑吧，这事胜算本也不大，却居然让他给办成了。

这年九月，尔朱荣终于没能成为外公。不但是他被元子攸手刃于明光殿上，而且，随其入宫的亲信元天穆和儿子尔朱菩提也被一众精卫剁得稀烂。

也不要奇怪，一个乱世枭雄怎么会在明明有所防备的情况下，命丧宫闱。历数往事，阴沟里翻船的人并不少，比如野心勃勃专擅朝政的董卓，最终死在吕布和李肃的设计下。

尔朱荣身死宫廷的事，独孤如愿没能在第一时间知道，因为他大约在三四月之间，被派往荆州，担任新野镇将兼郡守了。

尔朱荣的丧信传来不久后，独孤如愿心里必然也是百感交集。于私，尔朱荣将他从俘虏中提拔出来，有恩；于公，傻子都看得出来尔朱荣眼馋那皇位，皇帝只要不想当傀儡，便不可能容得下他——说句不好听的话，他这叫咎由自取。

在后来，时过境迁，独孤如愿竟然和一位傀儡皇帝相交甚深，这恐怕这是他始料未及的事。眼下，事已至此，说什么都是

多余。详察史料，不难发现独孤如愿继续保持着沉寂的姿态，只一心吃自己的饭，干自己的活。

可是，这不代表他心里能真正平静下来。

想过去，曹髦欲除去司马昭，却不幸被对方的力量反噬。相比而言，元子攸是幸运得多，但尔朱荣死后，只怕整个尔朱荣家族也不会善罢甘休。往后的情形，还很不好说。

事实果然如此。元子攸这个敢于手刃权臣的皇帝，竟然只比他的刀下亡魂多活了一个月！

尔朱荣的堂侄尔朱兆，在当年十月拥立长广王元晔为帝，并以大将军的身份，进封王爵，火速杀进了洛阳。元子攸被尔朱兆的骑兵擒获，并囚禁在永宁寺，没几天又被勒死于晋阳三级佛寺，临死前留下一首《临终诗》：

> 权去生道促，忧来死路长。
> 怀恨出国门，含悲入鬼乡。
> 隧门一时闭，幽庭岂复光。
> 思鸟吟青松，哀风吹白杨。
> 昔来闻死苦，何言身自当。

很可惜，一个"风神秀慧，姿貌甚美"，又有血性与诗才的皇帝，就这样狼狈凄凉地死去了。

尔朱兆恨他入骨，自然是不会给他上谥号庙号的，"孝庄""敬宗"之称，这还是两年后的太昌元年，他的族侄、孝武帝元修（532－534年在位）时追封的了。

姑且不忙着看这走马灯般更换的皇帝了，先来看看元晔即位后对独孤如愿的影响。

应该说，在尔朱兆发动政变前后，独孤如愿没有表现出任何不该有的政治动向，只在任所勤于政务，所以一切平安顺遂。

有意思的是，当陷在权力漩涡中的君臣正在火并时，独孤如愿却留下了另一段美谈。

这美谈里，还有另外一个主角，他叫做韦孝宽。

和别人不同，韦孝宽是以字行于世的，他名叫叔裕，京兆杜陵人。史书中说韦孝宽喜读经史，性格温和正直，又敏于应变。就在尔朱天光等在平叛万俟丑奴和萧宝夤之乱时，年仅二十的韦孝宽主动请缨，前去镇敌。

没错，韦孝宽是个很拼的有为青年。所以，他因战功被任命为国子博士，代理华阴郡太守的职务；又出镇潼关，做了都督府司马；之后一直顺利做到了宣威将军、给事中，被授爵为山北县男。

到了531年这年，韦孝宽跟从荆州刺史源子恭一道镇守襄城，任析阳（北周时改为"淅阳"）郡守。正好，独孤如愿也在荆州治下做新野郡守。两人因地理位置接近而交往密切，彼此之间又特别投缘，由于他们都对工作特别上心，很快就在官场上获得了"联璧"的美称。

"联璧"一词，也写作"连璧"，本义是说可相并列的美玉，喻指才华并美的朋友。过去，西晋时的夏侯湛和美男子潘岳一道出行，便被人们这么美称过，可见这真是个好词儿。

因为政绩突出，独孤如愿很快又升任荆州防城大都督，兼任

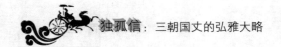

南乡郡守。独孤如愿这一年多以来，在任上兢兢业业，治理二郡都颇见成效。

洛阳这个政治中心乱象丛生，而独孤如愿还是该干吗便干吗，丝毫不受任何影响。也许，只有一个沉着大气的人，才会真正在乱世中站稳脚跟。

可事实上，在乱世中能站稳脚跟的人，还真的不多。不妨来看一看，独孤如愿升任荆州防城大都督，兼任南乡郡守之后，洛阳城中发生的故事。

元晔即位后，改元"建明"，这个年号从530年十月用到次年二月。这不是因为他一时兴起改了元，而是因为，531年二月，尔朱世隆、尔朱度律另立了广陵惠王元羽之子元恭为帝，将元晔一脚踢下了皇位，降为东海王。

当初，尔朱兆捷足先登，尔朱世隆身为长辈还不得不从，心里就窝着火，这次抓住了元晔出行郊山的时机，把自己培植的傀儡扶上皇位，便是尔朱世隆向尔朱兆示威夺权的开始。尔朱世隆也是很有底气的——人家元恭好歹是献文帝拓跋弘的孙子，而你元晔，只是被追封的景穆帝拓跋晃的曾孙，算哪根葱？

元恭即位后，改"建明二年"为"普泰元年"。尔朱世隆身为尚书令，竟然在家中办公，还对朝中大事小事都指手画脚，越俎代庖，这很让人生厌。

在尔朱世隆大揽权力的同时，尔朱家族的其他人也不甘示弱——尔朱天光控制了关右；尔朱兆霸占了并州、汾州；尔朱仲远则掌管着徐州、兖州，经常做些谋财害命的事，惹得民怨沸腾，人人侧目。

百姓恨之，却不得除之，可有能力的人却动起了心思。在这群人里，最突出的便是高欢。

起初，高欢在尔朱氏残害孝庄帝元子攸时，一直保持沉默。尔朱兆肚子里，可没有高欢那么多的弯弯绕绕，始终觉得高欢会继续效忠于尔朱氏，因此趁着酒劲任命他统帅六镇降兵，就连他请求带队移师山东去谋食的事，也应了。他可没想到，高欢在摆脱他的控制后，不久就翻了脸。

什么叫养虎为患？这便是了。尔朱兆的肠子都悔青了。其实，不仅是尔朱氏过得不舒坦，元恭这个皇帝更是如坐针毡，且不说尔朱家族内部的矛盾，仅仅是那个借讨伐尔朱逆乱，兴兵于信都的高欢，都够他喝一壶的了！

傀儡皇帝与权臣的角力

531 年，所发生的大事，可以简单概括如下：三月，元晔降为东海王；六月，高欢兴兵讨逆；十月，高欢立勃海太守元朗为皇帝，改年号为"中兴"。

也就是说，531 年，北魏的傀儡皇帝先后有元晔、元恭、元朗三位。这真是，怎一个乱字了得！可怜元家的皇帝，从北魏建国以来，大多数时候都压着南朝一头，在臣僚跟前耍尽威风，可有几人受过这样的窝囊气！

说起元朗，他本是景穆帝拓跋晃的玄孙，论辈分比元恭还低了一辈，高欢也是为了应急才抓了他来充数，作为讨伐尔朱氏的

旗帜兼挡箭牌。我们有理由相信，当高欢找到离皇室嫡系更近的人物，定会取彼代此。

这个人很快便找到了，他就是孝文帝元宏之孙元修，即位的时间是 532 年四月。元朗在位时间，只有六个月。

孝文帝无疑是北魏最有存在感的皇帝，因此他这一脉的子孙也得到了不小的关注，但高欢之所以选择元修，这里面也有一个隐衷。

中兴二年（532 年）二月，梁薛法护奉旨护送魏王元悦返回洛阳——元悦投梁后，在两年前被梁武帝封为魏王。本月，高欢以地道战术智取邺城。次月，高欢率兵入滏口攻晋阳，尔朱氏大败。就此，高欢正式成为北魏王朝的掌舵者，也间接改写了独孤如愿的命运。

彻底打败了尔朱兆后，高欢本来是想立孝文帝的儿子汝南王元悦为帝的，可是他一看这人喜好神仙道术，吃素，没事还爱自己跑出去采药，随随便便就住在城外同好家里，"又绝房中而更好男色，轻忿妃妾，至加捶挞，同之婢使"，实在太轻佻和出格了；又想起他之前曾降过梁，感觉他实在不具人君气象，所以，便选了他的晚辈元修。

事实上，元悦是很不堪，而元修的人品也不见得有多好，只是他的行为暂时还没被曝光而已。为了巩固皇权，元修先是娶了高欢的长女，再是在这年十一月，毒杀了可能对他的皇位有威胁的两个人——东海王元晔、安定王元朗。

当过皇帝的人，不为元修所容，而曾与皇位擦肩的元悦，也在次月被他杀害。加上被尔朱世隆所立，又被高欢在五月间废杀的元恭（节闵帝，前废帝）在内，北魏皇室又遭遇了一次"大清洗"。

朝纲几经颠荡，北魏的新皇帝——也是末代帝王——元修决计不想让悲剧发生在自己身上，但是他的人品和能力都不足以支撑他做个好皇帝。

从人品上说，元悦好的是男色，元修则更是离谱，居然跟三个年轻貌美的堂妹姘居，把她们都封为公主。

从能力上说，孝庄帝元子攸过去还"勤政事，朝夕不倦，数亲览辞讼，理冤狱"，元修却是"喜好武事"的，比起元子攸来差了不少。不过，元修有一点与孝庄帝是一样的，那就是他们都不允许有人染指皇权，并且都试图除去扶持自己登位的权臣。

那么，高欢会不会成为另一个尔朱荣呢？

为了对付高欢，元修在永熙二年（533年）便开始了谋划。为了培植自己的势力，元修准备重用贺拔胜和贺拔岳两兄弟。

他先任命贺拔岳作关中大行台、都督二十州诸军事，再授予他使持节、侍中、都督七州诸军事、骠骑大将军、开府仪同三司、荆州刺史。

原先，荆州刺史一职是由源子恭担任的。新官上任三把火，贺拔胜从源子恭手中接掌了荆州后，必然要对人事进行一番调整。

独孤如愿早就美名远扬，这时便被提拔做了大都督。魏晋以后，大都督往往兼任刺史，总揽本辖区内的军政和民政。很明显的，荆州刺史贺拔胜是把本该归自己兼任的大都督一职，分给了独孤如愿。独孤如愿得到了上级的重视，韦孝宽也以都督的身

份，得到了单独镇守襄城的锻炼机会。

至于曾为尔朱兆效力的杨忠，这时已经是昌县伯了。当尔朱氏大失人心时，杨忠就没有再继续为他们鞍前马后了。之后，他也没怎么犹豫，便跟定了独孤如愿，成为了荆州派系中的一员。

和之前一样，533 年时，北魏和梁之间也没停止过战争。

年底前，独孤如愿随同贺拔胜出兵，在攻占下溠成（今湖北枣阳市东南），并生擒成主（驻地长官）尹道珍后，又升任为武卫将军。接下来，冯翊、安定、沔阳等地陆续成为北魏的战利品。

这个团队内部精诚合作，战斗力又强，因此梁的雍州刺史萧续根本不敢出战，稍后才升任柳仲礼为司州刺史，来镇守谷城，确保雍州的安宁。

说起柳仲礼来，他在西魏时期被杨忠击败俘虏过，但他在南北朝时确实也算是个人物。眼下，这年轻人正是"勇力兼人，少有胆气"，于是双方相持不下，贺拔胜也吃过他几回亏。

北魏的雍州是指长安及其附近地区，其治所是长安，而梁的这个雍州位于湖北，治所在襄阳，与北魏那个"雍州"不过重名而已。后来，西魏得到这块蛋糕，为了便于管理，才将这个"雍州"改名为"襄州"。

大约就是在这一年，独孤如愿的妻子如罗氏有了身孕。感受着新生命的到来，将为人父的独孤如愿也是干劲十足。在古代，父亲如果地位显赫，妻子和男嗣是可以得到封赏，所谓"封妻荫子"便是这么个意思。

独孤如愿的这个长子，在第二年（534 年）出生，名为"罗"。"独孤罗"这个名字的由来，多半是因为他美丽的母亲如罗氏。很多人都喜欢取母姓为名，以表现父母之间琴瑟和谐，恩爱天长。

独孤如愿在32岁这年才有了儿子，即便只是因子及母，也该和如罗氏关系和美。

史书中没有对独孤罗的外貌进行描绘，但想必也是不差的。鲜卑族由来出美男，他又是风华绝代的独孤郎的后代，怎么也差不了。

唐人张籍在《永嘉行》中提到"黄头鲜卑"，宋人苏轼又在欣赏韩干的画作时说，"赤髯碧眼老鲜卑"，可见黄须碧眼，正是鲜卑人的普遍形象。

就在独孤如愿初尝为人父的喜悦时，朝中内外的形势愈加诡谲——且挑一件对日后政局有重要影响的事件来说一说。

这件事，关乎独孤如愿的死党宇文泰的前程。如同独孤如愿被贺拔胜格外看重一般，宇文泰的才能也得到了贺拔岳的认可。于是，时任关中大行台、都督二十州诸军事的贺拔岳，便任命宇文泰为行台左丞，领府司马。

《周书》中说，贺拔岳十分信任宇文泰，"事无巨细，皆委决焉"，可见宇文泰在贺拔岳帐下的地位，这也是他不久后能操控关陇的重要原因。有一件事，最能说明宇文泰的为人。

贺拔岳心里清楚皇帝元修重用他兄弟二人的用心，于是派遣行台郎冯景去看高欢。高欢长期坐镇晋阳，遥控着京畿和皇帝，一听贺拔岳来了，也很高兴，以为是对方在向他示好，所以他主动和冯景歃血为盟，表示与贺拔岳结为兄弟。

很快，对方又有人来了。这次，来的是宇文泰。

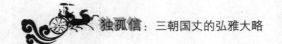

　　这是因为，贺拔岳听了冯景的回报，认为高欢奸诈有余，不值得信任，宇文泰便主动请求前去晋阳，再次观察高欢。高欢见了宇文泰，对他的相貌大大称奇。

　　有多奇特呢？

　　史书中的说法，是"身长八尺，方颡广额，美须髯，发长委地，垂手过膝，背有黑子，宛转若龙盘之形，面有紫光，人望而敬畏之"，根据经验，这种描述信个一小半也就是了。应该说，高欢觉得宇文泰很不一般，主要是看他的不俗谈吐。

　　他打算将宇文泰留下来收为己用。对此，宇文泰坚决说No，理由很充分——受人之托忠人之事，他得回去复命。高欢只能让他走了，但他马上就后悔了，只可惜他派人急追也追不上了。

　　人如其名，宇文泰为人正如其鲜卑小字"黑獭"一样，极富警惕性，想打他的主意可没那么容易。宇文泰早已奔出潼关，高欢无可奈何。一年以后，他将发现，放走宇文泰是他这辈子犯的最大的一个错误。

　　高欢必反！这是宇文泰的论断。贺拔岳当即决定让宇文泰回朝奏事，对皇帝陈说计划。元修深以为然，立刻加封宇文泰为武卫将军，并允许贺拔岳把军队带去平凉（今甘肃平凉西南），以控制陇东陇西。

　　元修为了争取贺拔岳兄弟的支持，可是什么招都使出来了。除贼心意有多迫切呢？这次，他一刀刺破了胸前的皮肉，取了鲜血让使臣转送给贺拔岳。彼时，他以为谋取高欢的性命已指日可待。

　　没多久，秦、南秦、河、渭四州的刺史都在平凉集中，依附了贺拔岳和皇帝。为了除贼大计，贺拔岳还听从众议，同意让宇文泰出任夏州刺史。夏州的州治是统万城，地势不是一般的重要。

贺拔岳曾说，没有宇文泰在身旁，自己就像是少了左膀右臂。这话透着亲热劲，也很有分量，但他不会想到，不久后他真的会因为"断了一臂"，而失去了一切。

而独孤如愿的个人履历，也将因贺拔岳的遭遇而翻开新的一页。

故友重逢，奠定关陇集团的格局

永熙三年（534 年）正月，高欢出击纥豆陵伊利，强行将他的部落迁移到五原河以东的地区。纥豆陵伊利也是元修正在培植的势力之一，因此元修分明感觉到高欢这是在挑衅，并且要剪除他的羽翼。

事实上，高欢想要剪除的羽翼，又何止是纥豆陵伊利呢？

这年二月间，洛阳城的永宁寺中的佛塔，在雷击后被焚毁。北魏王朝崇信佛教，元修一见这皇家寺院被毁，便觉得自己已失去了佛法的护佑，心里也慌得不行。

"福无双至，祸不单行"，没几天，噩耗传来，贺拔岳被杀了。元修用来对付高欢的锐器，又少了一件。

杀贺拔岳的人，表面上是侯莫陈悦，其实却有高欢的撺掇之"功"。这时，关陇这一带，刚好呈现三足鼎立的情况，按照实力

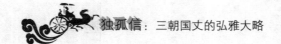

大小排序，依次是深受皇帝信任的贺拔岳、都督陇右诸军事侯莫陈悦、暗中归附高欢的灵州刺史曹泥。

高欢忌惮贺拔岳和侯莫陈悦的势力，最好的办法当然是让他们自相残杀。他的右丞翟嵩便巧用离间计，借着贺拔、侯莫陈二人联合征讨曹泥的机会，煽动后者谋害前者。没有长于计谋的宇文泰在一旁做参谋，贺拔岳居然毫无防备，被侯莫陈悦的女婿元洪景给宰了。

按照常理，侯莫陈悦应该立刻取而代之，收编贺拔岳的部队，没想到他却突然怂了，只宣称他是奉诏诛杀贺拔岳，很快让贺拔岳的部队回返平凉，自己也带领部众回陇西去了。

接下来，该让谁接过贺拔岳的指挥棒呢？关于这个答案，元修觉得应该是他本人；高欢派出了长史侯景；贺拔岳的哥哥贺拔胜则抹干了眼泪，派出了独孤如愿。

所谓"近水楼台先得月"，由于开府寇洛、赵贵、侯莫陈崇等都倾向于"英姿不世"的宇文泰，所以，这位年仅28岁（有争议）的夏州刺史，便很快踏上了归途。

就在他赶回平凉的前后，贺拔岳的仪同李虎（唐高祖李渊的祖父）偷偷跑去荆州通知贺拔胜，而侯景带着高欢的野心驰马来到安定（今甘肃泾川），正好撞上了宇文泰。

为什么说后来侯景只是个恶棍，而宇文泰是个枭雄呢？

狭路相逢，宇文泰凭借一句"贺拔公虽死，宇文泰尚在"而勇者胜，侯景则嗫嚅着说自己不过是一支箭，人家（指高欢）把他射到哪儿，他就到哪儿，最后灰溜溜地跑了。

谁更有魄力和威势，不言自明。

与此同时，独孤如愿还在入关的路上。

潼关位于关中平原东部，扼守秦、晋、豫三省要冲，是关中的东大门，地势险要。独孤如愿这时还在荆州一带，从荆州到潼关直线距离也有好几百公里，就算他有"疾行将军"夏侯渊"三日五百，六日一千"那样的行速，也快不过宇文泰哭灵后，前去讨伐侯莫陈悦等人的速度。

但在这一路上，独孤如愿的心里始终荡漾着热流。他的事业发展虽然不错，但人总是想往高处走的，这次如果他能顺利地接管贺拔岳的原部，就算大权归贺拔胜所有，自己至少也是个绝对的二把手，这也是赚了。

根据史料的记载，很可能独孤如愿奉命入潼关之前，并不知道宇文泰已被推举为接替贺拔岳的第一候选人。当然，即便是知道，他也没有理由不去参与角逐。

终于入关了。

这时，已到了三月底了。32 岁的独孤如愿和老友宇文泰见面了。宇文泰已对侯莫陈悦发动了攻势，分明是一副立政关陇的样子。

如果从当前的结果来说，独孤如愿算是白跑一趟。不过，他二人已经许久没见面了，这一次战中相逢，免不了又是唏嘘又是欢喜。应该说，独孤如愿对这个结果不可能毫无遗憾，然而这个位置让宇文泰得到，怎么也好过让别人占据。因为，他们本来就有过硬的交情，这交情再好好地攀下去，便又是一条好人脉。

儒家说"己欲立而立人"，这话其实可以推而广之——一个人立足了，往往也会让自己的亲朋好友都有立足之地，这不一定

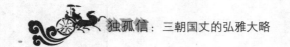

是仁不仁的问题，而是自己建立事业的必须。

既然朋友已经得到原班人马的极力支持，硬在这里强争也没有好果子吃，那么，为何又不好好利用这条人脉，为自己的前程铺路呢？我相信，独孤如愿此时没与宇文泰产生矛盾，其根本原因在这里。

《周书》中说，贺拔岳在河曲时，他手下的一个军吏遇见过一个神秘的老人，他预测贺拔岳势力虽大，最终却会一事无成，反倒是宇文氏会借他而大盛。由于这段是出自于《文帝本纪》，其靠谱程度也值得怀疑，但是不管怎么说，宇文泰在这里掘到了人生中第一桶金，是毫无疑问的。

陈寅恪等学者，将主要籍贯位于关中和陇山的西魏北周门阀军事集团，称为"关陇集团"，又称"关陇六镇集团""六镇胡汉关陇集团"和"武川镇军阀"。按这名头一一对应，就不难想知其核心成员来自于北魏六镇武将、关陇地区豪族和代北武川镇的鲜卑贵族。其中，武川镇军人是这个集团的班底，又以八大柱国十二大将军为主力。

这个集团的头头，就是宇文泰。

侯莫陈崇、李虎、李弼（原属侯莫陈悦，即将投诚）、赵贵、于谨……都是与宇文泰有交集的人，就是这一群人一起奠定了往后关陇集团的格局。当然，独孤如愿也是其中之一。

宇文泰当了代理老大，自然不能让作为好友的独孤如愿一无所获，他出主意让好友前往洛阳，将这里的近况呈报上去。

匆匆一面，二人各自有了新的目标——宇文泰忙着谋划扣押张华原、王基等高欢的使者；独孤如愿忙着入京面圣。刚到雍州，独孤如愿正好遇上了元修派来的使者武卫将军元毗。

元毗已经从独孤如愿这里得知了平凉的情况，也就没有必要让他再入京一次，便命他先返还荆州。元毗本来是奉旨宣召贺拔岳的军队进京的，面对宇文泰已代掌大权，侯莫陈悦已归附高欢的事实，也无可奈何，只能将宇文泰请求慢慢诱导兵士回京的奏表带回京。

元修不是傻子，这个"慢慢"要慢到什么时候，想都不用想了。既然宇文泰已是众望所归，不如就好好笼络他，让他成为自己新的臂助吧！

于是，元修就任命宇文泰为大都督，正式统率贺拔岳的部队。当然，宇文泰也没让他失望，很快将叛徒史归拿下。最终，侯莫陈悦兵败如山，被逼得上吊自杀。

宇文泰这个时候，非常红火。其一，在于他成了贺拔岳的接班人；其二，在于他这一边的人也从仇人那里捞到了实际的好处，还向东据了长安；其三，在于皇帝元修对他的器重。

接下来，宇文泰命令李弼镇守原州，赵贵兼管秦州的事务。夏州长史于谨就对宇文泰建议说，他完全可以想个办法，让皇帝迁都过来，这样便可以挟天子而令诸侯，成就齐桓公、晋文公那样的大业。

宇文泰深以为然，但仍需要静待时机。

独孤如愿回到荆州以后，将情况一一禀明贺拔胜。不久后，独孤如愿接到了皇帝的宣召。这一次，他奉旨入京，被委以重任。至于是什么重任，君臣之间又有过怎样的密谈，史载不详，不能妄断，但只要好好地分析一下当前局势，还是能获得一个基

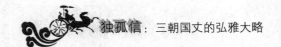

本认识的。

　　眼下，北魏境内的新格局已经出现了，依照势力大小排序，分别是晋阳的高欢、关中的宇文泰、洛阳的皇帝。其中，宇文泰虽然渐成气候，但在元修看来，他还不是敌人，所以他要拉拢宇文泰，也要拉拢一切与宇文泰有"特别关系"的人。这些人里面，尤以李虎和独孤如愿为重。

　　其实，很有必要对元修器重他二人的动因进行分析。

　　李虎是西凉开国君主李暠的五世孙，他本是贺拔岳的旧部心腹，不知因为什么原因，并不怎么拥戴宇文泰。李虎从荆州赶回平凉时，被高欢的手下俘虏，送到洛阳，元修便欢喜不已，立刻任命他为卫将军，让他去辅佐宇文泰。

　　而独孤如愿，虽然是宇文泰的朋友，但他所在意的东西，毕竟被对方率先拿走了，将来是敌是友还两说呢。

　　所以，元修这个人本事虽然不大，但却精于权术，仅从这件事上便可见一斑。但是，一度强盛的北魏恰恰也将亡于他手，这不能不说是个笑话。

　　独孤如愿的命运，不可能不受到影响。他与宇文泰今后到底是敌是友呢？

远赴关中，忠义为先

　　对于北魏产生的新格局，高欢很清楚，也很懊恼，因为宇文泰难缠的程度，远远大于贺拔岳。比如，前次，宇文泰险些就扣留了他的使者，而不久后，他再次派使者去结好宇文泰，又被碰了一鼻子灰。

这回，宇文泰不仅没接受他"诚意满满"的书信，反而派人拿着去献给皇帝示好了。这个举动，气得高欢忍不住跳脚大骂："黑獭岂有此理！"

在朝中，北魏官场上的老滑头斛斯椿也对元修夸过宇文泰的好，元修就势任用他为侍中、骠骑大将军、开府仪同三司、关西大都督、略阳县公，甚至还可按皇帝的旨意自行封官。

得到元修的授意，宇文泰开始向东增兵，为与皇帝的协同作战打基础。

五月间，孝武帝增设了勋府庶子和骑官，每厢有 600 人和 200 人。他要准备讨伐高欢，至少身边得有武力。同时，斛斯椿也帮他在河南征到了十几万兵马。当然，他们必须得释放一枚烟幕弹来迷惑高欢。

这枚烟幕弹是这样的。征兵的理由，是要讨伐梁，为此元修还特意穿了戎装，去检阅过将士，搞得煞有介事。到了六月里，元修又给高欢下了密诏，说宇文泰和贺拔胜居然有反心，他早就发现了，之前说为讨伐梁而征兵，只是个幌子。

他以为这个烟幕弹五颜六色，一定把高欢给迷惑住了，但其实，宇文泰是老谋深算，高欢却也不差啊，至少也算老奸巨猾。

试想，宇文泰、贺拔胜本来就是一家的，他们就算真有反心，也会等到另外两方剑拔弩张了，才会真正有动作吧？再说了，在三方格局中，从来也是两弱对一强比较正常，疯子才会以弱对强，还把这"实情"告诉最强的一方呢！

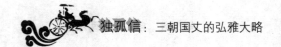

说高欢老奸巨猾，还在于他有一项本领，是将计就计——皇帝说国内有反贼是吧？这个嘛，作为岳父的他怎么可能不"伸出援手"，助女婿一臂之力呢？

很快，元修就知道，他的烟幕弹砸飞了，计谋也要崩了。高欢竟然以"清君侧"为名，分四路出兵，共24万人，雄赳赳气昂昂地来了。这个"侧"，说的却主要是斛斯椿，因为，要说宇文、贺拔这俩是"反贼"，连高欢他自己都不信！

元修悔之莫及，准备发布讨逆的檄文。

此时，他还有两张王牌，一是宇文泰，二是贺拔胜。早先，贺拔胜已接到旨意，率军回洛阳帮皇帝打仗，但他刚到析阳一带，便得知高欢已攻至华阴，皇帝准备迁都于长安，逃亡者众多的消息。逃亡名单上，赫然有清河王元亶等人的名字！

原来，元修发布了檄文，声称要讨伐高欢后，高欢便将各州和籴的粮食统统搬到邺城去。元修在七月初九日，率兵驻扎在黄河南岸的邙山到河桥一带。这种做法是错误的，因为，高欢有可能在任何一个或者多个口岸渡河。果然，高欢声东击西，从野王（今河南沁阳）渡河，还假惺惺地去信表示他真的只是来"清君侧"的。

元修没理睬高欢，当初元子攸是怎么死的他再清楚不过！他被逼得没办法，便任命宇文泰为尚书仆射、关西大行台，并打算迁都跟他去混日子。

这一天，是七月二十八日，第二天，高欢就杀进了洛阳城，挑了几个比较有影响力的大臣杀了，同时，还派了娄昭和高敖曹两路人马去追击皇帝。

　　贺拔胜犹豫了一下，率部退回荆州。期间，元修对高欢的来信全然不作理会，高欢便向东退回，派行台侯景谋攻荆州。贺拔胜刚一回荆州，便败得惨烈，实在没辙，只能南下投梁。不久后，他将见到他的老部下独孤如愿。

　　说回到独孤如愿的身上。当时，他已被征入朝，以武卫将军的身份，成为皇帝身边的亲信。事出突然，他也有过犹豫，但最终选择跟随了跟随皇帝。杨忠也一并随去。

　　做这个选择，是不容易的。因为，这时他的父母妻儿被安置在山东。山东和山西，都在高欢的控制范围内。如果独孤如愿选择皇帝选择宇文泰，就意味着他放弃了自己的亲人。

　　放弃亲人，对方就有可能落于敌手，境况堪忧。

　　当然，大多数情况下，亲眷们更可以作为政治筹码，起到招降的作用。可是，不管怎么说，独孤如愿在犹豫之后，没有掉头去选择自己的亲人，没有尽到孝道。

　　常言道，"忠孝两难全"。东汉的赵苞，在妻母被鲜卑人俘虏时，选择了忠义，可他永远失去了他们；三国的徐庶，在母亲为曹操抓走后，选择的是孝道，可却被冯梦龙评为"徐庶之不终于昭烈也"。

　　对于这"两难全"，清初的状元李蟠认为，徐庶不是完臣，赵苞也不是孝子。有关独孤如愿选择忠义，而没对父母尽孝道，对妻儿尽责任的事，我们可以认为这是他的污点，也可以说他在进行政治投机，但却无法否认，他想当个完臣，想要干出一番事业的强烈愿望。

　　不妨来简要回溯一下独孤如愿的前半生吧。

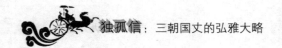

503 年，他生于代郡武川镇，这时北魏已经外强中乱，不断走下坡路；524 年，他二十二岁，计斩破六汗拔陵的副将卫可孤；526 年，他二十四岁，被葛荣强行拉入义军队伍中；528 年时，他二十六岁，被尔朱荣收编，单挑渔阳王袁肆周；529 年，他二十七岁，为皇帝剿灭元颢党羽；530 年，他二十八岁，先后治理新野、防城，颇有声望；533 年，他三十一岁，为皇帝攻打下溠戍等地……

从这份简历上，很容易看出独孤如愿的志向。北魏的皇帝是谁并不重要，他不是个愚忠之人，但很显然，他希望他自己对于北魏社稷来说，是有始有终。

所以，当元修扯着不成形的队伍行西迁时，看见他单骑而来，会赞叹道："武卫遂能辞父母，捐妻子从我，世乱识忠良，岂虚言哉！"

元修说他是忠臣，这便是那个时代的人，给予独孤如愿的评价。在这里，我无意为传主粉饰什么，那个面对父亲即将被杀还能说出"幸分我一杯羹"的刘邦，和那个几度抛妻弃子逃跑的刘备，我们大部分人都能认为这二人的行为"情有可原"或者"成大事者不拘小节"，所以怎么不能对独孤信的选择也宽容一些呢。我们看待以往的人，应结合当时的价值观来思考，可能会更全面公允一些。

只是，自从独孤如愿狠心撇下父母妻儿时，便注定了他妻儿悲苦的命运。父母再怎么不幸，好歹有媳妇照顾；而如罗氏没有了夫君，独孤罗没有了父亲，生活必然陷入困境。

很多年后，他们之中唯有独孤罗，才从这样的困境中走了出来。

　　元修在此时，赐了一匹御马给独孤如愿，又将他晋爵为浮阳郡公，食邑一千户。当然，这个目前只是口头承诺，一群人都担心高欢前来追杀，赶路都还来不及，哪能去想别的事？

　　前面说过，元修是个精于权术的人，他开出这个口头承诺的原因，其实非常简单——他需要忠臣，也需要给大家树立这么一个榜样。比如清河王元亶的逃亡，真的很让他难堪。不过，南阳王元宝炬却不曾离开，并且很快便会走上历史前台。

　　独孤如愿一直守卫在皇帝身边，在接下来的两三天内，他们没什么时间吃饭，渴了也只能喝涧水。还好，途中有村民献上了麦饭；再过几天，到了稠桑，潼关大都督毛鸿宾又送来了酒食。这个毛鸿宾，没几天后便被破潼关、驻华阴的高欢抓了，可想而知，之前西迁队伍的情况有多危险。

　　终于，宇文泰派来迎驾的赵贵等人赶到了。元修任命宇文泰为大将军、雍州刺史，并兼任尚书令。接着，又改封妹妹为冯翊公主，让她改嫁给宇文泰，宇文泰就这样成了驸马都尉。

　　作别一个温馨和美的小家庭，跟随一个仓皇辞庙的落魄皇帝，独孤如愿的心情一定是很复杂的，但是"盛衰各有时，立身苦不早"，如果不继续走下去，他便不可能看到柳暗花明的那一日。

　　今人说，人生是一趟没有回程的旅行，这个比喻真是妙。

　　这一站，西迁队伍的目的地是长安。到达那日，是八月初四。

　　长安，便是如今的陕西省省会西安，地处于关中平原中部，世界的四大古都之一，也是我国的十三朝古都，西周、秦、西汉、新、东汉、西晋、前赵、前秦、后秦、西魏、北周、隋、唐的全部或者

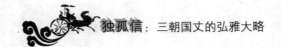

部分时期，都在此建都。也就是说，在元修西迁之前，长安已经是九个规模不一、重要程度不一的朝代的建都之地了。

所以，元修的心腹王思政和死党元毗、广陵王元欣都认为，长安适合建都，就连斛斯椿也这么看。对此，元修松了好大一口气，当他一脚踏入长安城，他的日子就太平了，但其实，他不知道，有句俗语叫做"才出龙潭，又入虎穴"！

第三章　胡马北风思故国

时　间：永熙三年（534 年）——大统三年（537 年）

皇　帝：北魏孝武帝（出帝）元修，西魏文帝元宝炬

年　龄：32—35 岁

关键词：西魏建立，三国对峙，抚定三荆，南下投梁，

　　　　一心归国

第三章 清代北风遗被图

奇谋制敌，平定三荆

客观地说，长安这个"虎穴"之所以是"虎穴"，主要是看来人的心态。比如，斛斯椿的心态就不太好，颇有些郁郁不得志的感觉，于是他在大统三年（537年）就过世了。

斛斯椿且如此，更不要说元修了。摆脱了高欢，并不意味着他就能独掌生杀予夺之权，即便有，这权力也是宇文泰给他的，换句话说，如果宇文泰要剥夺他的权力甚至性命，他也没有办法去抵抗。

国家军政庶务，才处在草创阶段。宫殿是过去雍州的官署，新任的尚书毛遐、周惠达，也积极地储粮食、造器械、选兵卒。眼下，让宇文泰格外关注的事，还有一件，那就是失地的收复。

贺拔胜投梁而去，荆州已落入敌手。派谁去解决这个麻烦

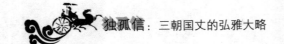

呢？无疑是独孤如愿。宇文泰的主要理由是，他曾随贺拔胜镇守荆州，论对荆州的地形、人情的体察，没有人能超过他。

还有一点，宇文泰是不必宣诸于口的。荆州是贺拔胜丢掉的，而独孤如愿是他的老部下，如果独孤如愿能收拾这个残局，无疑利于提高自身的声望，显出宇文泰自己的知人善任。再有，贺拔胜不在，荆州系的头头是谁？是独孤如愿。

简单说来，宇文泰所面对的势力有三股，前两股是来自于武川军团的分支——荆州派系和关中派系，还有一股是来自于洛阳——比如，李虎虽被安置在他身旁，其实已经是皇帝的人。宇文泰自己执掌的自然是关中派系，而其他两股势力，怎样才能快速被他融合在一起呢？必须得让人家觉得，你给他机会，他这一趟关中没白来，对不？

所以，他必须给独孤如愿这个建立功勋的机会。

对此，独孤如愿心领神会，他也乐于为君王和老朋友排忧解难。很快，他被任命为都督三荆州诸军事、尚书右仆射、东南行道台、大都督、荆州刺史，前去招抚荆州。

值得注意的是，贺拔胜之所以丢掉荆州，和荆州的一场叛乱有关。当日，高欢派侯景攻打荆州。之前，贺拔胜委托长史元颖代理荆州事务，哪知到了紧要关头，元颖被一个名为邓诞的人挟持了。

这个邓诞，本为荆州一个平民，此时带着投机的心理，不知用了什么手段挟持了元颖，来策应侯景。撇开贺拔胜和侯景的带兵能力不谈，贺拔胜之所以会输，一来，是因自己长途跋涉状态不好；二来，是因元颖被挟持，影响了士气。

　　高欢得到了荆州，自然要珍惜战果，果断派出辛纂作西荆州刺史。这个辛纂，是辛雄的堂兄。先前，高欢杀进洛阳后，挑了几个有影响力的官员杀了，其中有一个便是辛雄。

　　独孤如愿的这个对手，史称"学涉文史，温良雅正"。出于明哲保身的目的，辛纂在高欢"兵集城下"时，便投诚了高欢，还奉承道："大王忠贞王室，扶奖颠危。"

　　辛纂和独孤如愿的交手，自然很不一般。因为，这是他二人在有了不同的政治立场之后的第一仗！谁是骡子，谁是马，拉出来遛遛不就知道了？

　　不过，最先和独孤如愿交手的不是辛纂。当他到达武陶的时候，恒农（本为"弘农"，因避讳而更名）太守田八能便拦住了他的去路。不过，独孤如愿镇定自若。

　　因为，他的情形比较乐观。

　　之前，蛮族首领樊五能率众大破析阳，要来策应宇文泰，辛纂便想派兵前去讨伐他。其手下的行台郎中李广，便劝阻他说，如果派出小股兵力，难以在那个山路深险的地方获胜；但如果派出大量兵力，只怕会导致荆州空虚。

　　辛纂却认为，无论如何都要扫灭贼寇，以壮声威，也没听劝。他肯定想不到，他还没和独孤如愿交手，便打了一个打败仗，灰溜溜地跑了。更要命的是，底下的将领也散了不少。

　　就在析阳当地，百姓听闻独孤郎要来，好不开心，忙想去秘密引他过来。其实，早先，荆州百姓就比较曲折地表达出心恋旧主的意思，如今独孤如愿快来了，他们知道宇文泰并没放弃他们，归附的意愿也就更为强烈了。

所以，独孤如愿到达武陶的时候，虽然还没和析阳的百姓正式见面，已得到了民心。田八能也知道独孤如愿不是个好对付的主儿，便打算对他展开前后夹击——这"前"，说的是田八能亲自率领一群蛮人，想把他挡在析阳之外；这"后"，说的是田八能派遣都督张齐民，带三千步兵截断独孤如愿的退路。

前有狼，后有虎，而独孤如愿所领的士兵，总数还不到千人，他要怎么做才能克敌制胜呢？深思熟虑之后，独孤如愿打算不管张齐民这伙人，一心只挺进淅阳。

这话一说出来，连一直追随他的杨忠都吃了一惊，但他耐心地听了下去，便明白独孤如愿的用意了。道理很简单，对方要的就是他们掉回头去"剪除后患"，他们不能上这个当。

这样一来，从战略上就失败了。不仅仅是田八能会真正转为攻势，而且百姓多半也会以为他们是因怯战而想退兵，到时候麻烦就大了！

为今之计，只有攻下析阳，身后的尾巴才会畏惧大势，不战而退。

这一招的确厉害。张齐民本来负责的是断后，在没有接到明确指令的情况下，不会贸然进攻独孤如愿。而且，就个人履历来说，张齐民又就低了他 N 个段数，如果他见这个硬汉只管往前冲，势必会以为他有什么后招，更加不敢主动进攻。

也就是说，只要独孤如愿敢于冒险一心向前，张齐民这三千人马形同虚设。

事实证明，这一次，独孤如愿赌对了！

独孤如愿的攻势，让田八能有些发懵，对方是一鼓作气势如虎，他根本没有抵御的能力。要说独孤如愿的军队为什么这么拼，这也有赖于他根本不给士兵们退路的做法。想想看，要是打不垮田八能，拿不下析阳，张齐民会傻兮兮地跟在他们尾巴后面，无所作为吗？

不冲上来撕碎了他们才怪！

所以，不能退，便只有进。这做法，与项羽率军渡漳河时"破釜沉舟"那一幕如出一辙。"置之死地而后生"，有时候就是这么回事。

先败田八能，再破张齐民，还只是个开始。接下来，独孤如愿又打算乘势袭夺穰城。

辛纂才归附高欢不久，竟然被蛮族打得落花流水，自然想在独孤如愿身上找补。于是，马上整顿军队，领兵迎战。哪里能想到，这次他却输得更惨，立马被逼得躲进穰城里喘气。

辛纂这时应该能想起，独孤如愿自从打仗以来，就没怎么输过，早知如此，他还不如不做墙头草，跟随皇帝入关好了——只是，后悔药这东西，从来就没得卖的。

由于辛纂逃得太急，仓促间城防便有些问题。这下可好看了！独孤如愿忙命令都督杨忠为先锋，去对守城士兵打心理战。

杨忠便上前喝道："我军大部已经跟来了，穰城中还有不少接应的人，你们要想求生路，就赶紧滚！"虚虚实实，实实虚虚，守城士兵哪里经得住杨忠这么一唬，纷纷作鸟兽散。

就这样，归附高欢不久的辛纂，还没真正建立什么像样的功勋，便死在了杨忠、康洛儿、元长生的手中。他能指挥的卫兵不过一百多人，短兵接战，哪里抵得过杨忠的攻势？虽说，辛纂身

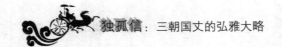

后也得到了一些追封，但这对他本人来说，实际意义已经不大了。

辛纂一死，被独孤如愿称为伪军的这些人，自然也只能缴械投降。独孤如愿便分兵去平定三荆地区。一切都很顺利。

另有一个宇文虬，也值得一提。在此之前，他一直都属于荆州派系，排名在独孤如愿之下，这回，他被对方引荐为帐内都督，在此战中也有不小战果。

凭借收复三荆之功，独孤如愿被拜为车骑大将军、仪同三司。此时，他无疑是魏之福将。镇守在荆州的他，虽然早知高欢已在十月间，便拥立清河王元亶的嫡子元善见为帝，建了伪朝（指东魏），但却是在第二年才知道，朝中生了巨变。

这个巨变，有关于大魏的皇帝——元修被杀了，新任的皇帝，是原来的南阳王元宝炬。用脚趾头想想，也知道这两件事只能是宇文泰干的。

先前说到，元修心态不是很好，所以他到长安来，是入了虎穴。怎么个不好法呢？宇文泰弑君，在道德上的确有可被谴责之处，但元修实在是很不争气！

先前，他把三个堂妹封为公主据为己有，这还不算，在入关时，他又把最喜欢的平原公主元明月带在身边，始终"不离不弃"。

过去，南朝宋诗人鲍照作过《淮南王》二首，其中有"朱门九重门九闺，愿逐明月入君怀"两句诗。有趣的是，古时妇人们的八卦才能一点不逊于现代人，竟然把这两句揪了出来，用它来暗讽魏帝乱伦。

这不是在打宇文泰的脸么？要让别人知道，他效忠的皇帝就这德行，也实在是太丢人了！没准，那头的高欢，已经把大牙都笑掉了。

可这皇帝已经迎来了，怎么办？先改造改造吧！打定主意后，宇文泰指使皇室中人，赶紧去把他们那个"妖女"抓来杀了。这里必须补充一点，这个元明月，正是南阳王元宝炬的亲妹妹。

大概他也觉得妹妹该杀，或者说，他也救不了妹妹，总之，元明月死了。元修对此愤懑不已，公开和宇文泰唱对台戏，还闹着要打要杀的。这下子，宇文泰真冒火了。

宇文泰索性将心一横，元修就不明不白地死在了闰十二月中旬。元修死后，宇文泰只让人把他胡乱埋在草堂佛寺，东魏得闻此事后将他称为"出帝"。十多年后，正式落葬的元修，才被西魏上谥号为"孝武皇帝"。

接下来，拥戴谁做皇帝好呢？

高欢嘛，是放着弃元修不顾的清河王元亶不用，反倒册立他年仅十一岁的儿子，很显然是想大权独揽。宇文泰却听从众议，推举元宝炬为帝，史称"文帝"。

这事，没什么人反对，除了高欢——不过，反对无效。

敌众我寡，无奈率众投梁

历史上，将由宇文泰和高欢分别扶持的大魏政权，称为西魏

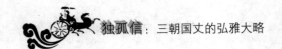

和东魏。前者，在第二年正月初一改元"大统"，后者，在534年当年改元"天平"。

说到"大统"这个年号，还得岔一句，梁也在535年正月初一那日，改元为"大同"。怎么说呢？新皇帝即位，本来就要改年号；而你梁的年号早不改，晚不改，偏偏在这时候改成"大同"，这多半是在找茬。

很显然，维持148年国祚之久的北魏政权，居然因元修的出奔而一分为二，梁武帝萧衍闻言已经乐坏了——就你们那样儿，现在不咬得一嘴毛才奇了怪了，还"统"个什么"统"！

三国对峙的局面，就此形成。

这就意味着，从534年开始，建康、邺城、长安，三个国都并存。萧衍这个皇帝，和高欢、宇文泰两个野心家之间，开始了新一轮的争霸赛。历史上三国对峙的时期，还有魏蜀吴，东晋和前秦前燕，陈和北周北齐这几个。因为演义小说的原因，这里头最广为人知的当然是第一个，但其实，要论起精彩程度，梁和两魏的争霸赛也一点不逊色。

在这场争霸赛中，谁会笑到最后，大家都在拭目以待，小野心家们，也都擦亮了眼，生怕站错了队，所以，三国之间，时常有人叛了这个投了那个，甚至反复无常地折腾。

正月初一，元宝炬在长安西郊登位；初二，晋升宇文泰为安定公；初八，元宝炬册立乙弗氏为皇后，长子元钦为皇太子。

独孤如愿这个时候，在干嘛呢？依然镇守在荆州。

年初，武城县侯高敖曹，与侯景等人，奉高欢之命对三荆地区展开了攻势。本来，他们也不是很有把握，但当他们得知西魏守军人数奇少时，便不由乐呵了。

这里，必须简单说明一下三国实力的强弱。根据大统十二年（546年）的统计资料，梁国土面积约为262万平方公里，西魏约为98万平方公里，东魏约为71万平方公里。不过，经济实力、人口数量这些，和国土面积没有必然关系。

翻查一下专业书籍，可以看见，北魏人口的峰值大概是3150到3200万之间，在北魏末至多只有3000万，同时期梁则有2000万左右。如果说，东西魏是平分了人口，他们的实力定然小于梁，可惜，实际情况却不是这样的。

由于高欢一直占据着关东地区，东魏的版图自然也包括了原北魏的东部地区。大家都知道，崤山、函谷关以东的广大地区从来便极为富饶，因此东魏的经济实力，和人口数量，都居三国之首。

显而易见，东魏的人数既然超过梁许多，这么算下来，西魏撑死了也就几百万人口。想想看，西魏的人口少了东魏好几成，打起仗来底气又怎么会足呢？

另外，穷也是个问题。第二年，是大统二年（536年），关中遭遇了大饥荒，死者十之七八，甚至还有人食人的惨剧发生。这简直是雪上加霜！

越穷，人口越上不去；人口越上不去，也就越穷。

还是先说回眼下吧！独孤如愿本来也就只带了不到1000人马，战中多少都有折耗，镇守荆州后，他就算是收服了所有官民，手下能用的兵源也不多。

当他发现东魏军攻至荆州时，除了加强防御工事，积极应战

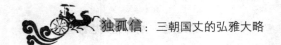

之外，自然要向长安求援的。那么，问题来了，宇文泰到底有没有增援呢？自然是有的，但却来得太迟了。

这一次，独孤如愿被敌人重重围住。眼见形势不对，为了不被他们包成饺子，他最终选择了与他的昔日老大同样的做法——投梁。

为什么要选择投梁，而不是退守或投别国呢？把历史地图册展开看，不难发现原因。

三国的位置，呈现出"倒品字"的结构，西魏在左，东魏在右，梁在下，而吐谷浑、高昌、柔然、库莫奚等则将三国包了个圈儿。

荆州恰好在西魏和东魏的边界上，东魏的攻势太猛，独孤如愿想要退守已经不太可能了，当前距离最近的国家，除了梁，便是吐谷浑。

吐谷浑的汗王，曾经受南朝宋封为河南王，同时又受魏封为西平王。应该说，吐谷浑的土地极为广袤的，但经济以牧业为主，显得很是落后，肯定不能作为避难的首选之所。

梁则不同了，又富庶繁华，又有熟人接应，而且，三国争霸的局面已经拉开了，每个国家都想着要多多招揽人才，他们没有理由会受到薄待。

独孤如愿在 33 岁这年，做出投梁而去的决定，同行的有杨忠、宇文虬等人。可以想象，几人入梁后，见到早来建康近一年的贺拔胜，将是怎样的不胜唏嘘，相顾神伤。

梁武帝萧衍，对于由西魏帅哥带领的避难队伍，表示热烈欢迎，就像他欢迎贺拔胜一样。不过，欢迎归欢迎，至于其他的事儿，就免谈了。

其实，贺拔胜一直在向萧衍请求借兵北讨高欢，萧衍都予以拒绝。独孤如愿来了之后，同样也没忘了这一点，但萧衍尽管已经是菩萨皇帝，也没动这菩萨心肠。

72 岁的萧衍，曾在 527 年、529 年在同泰寺舍身出家，群臣捐了不少钱，才赎回了他。以后，他还会在 546 年、547 年两度出家，让人哭笑不得。说他是"菩萨皇帝"，可真没冤枉他。

也正因为萧衍执着地想做和尚，把过多的心思都拿去研究佛理了，他自然也没多少精力关心政事。这样一来，朝政怎么也不可能清明了。何况，他在 531 年，便失去了自己最疼爱的太子萧统，同年所立的储君萧纲，酷爱创作"伤于轻艳"的宫体诗。

好吧，太子这个风气这么一带，于是乎，大家写，才是真的写！整个梁朝廷，充斥着一股子骄奢腐糜的气氛，岂会适合有志气的人，在这儿立业成家？

史料里，自然没有去八卦贺拔胜、独孤如愿、杨忠在梁的私生活，但只要看一看有关三人子嗣的记载，便不难明白他们的真实想法。

第一，贺拔胜的嗣子叫贺拔仲华，本是贺拔岳的儿子，后来过继给了他；第二，独孤如愿的次子独孤善，出生于西魏，生母为郭氏；第三，杨忠的长子杨坚，也出生于西魏，生母是出身寒微的吕苦桃，早在六镇起义时，就嫁给了他。

他们这三个人里边，贺拔胜到底被怎样"遇之甚厚"，独孤如愿又获得怎样的待遇，史无明载；但杨忠却担任了文德主帅，封关外侯，这是有史可查的。他们都在梁待了三年左右，且都正

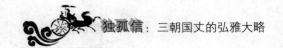

值壮年，而没有子嗣，这几条信息加在一起，只能说明一点——他们根本没想在这里安居乐业。

高欢曾说："江东复有一吴翁萧衍，专事衣冠礼乐，中原士大夫望之以为正朔所在。"但不管梁这头怎么个正朔法，他们几个人都是"身在曹营心在汉"！

简单梳理一下，535 年三国间的大事，因为，这些事对独孤如愿等人的选择，都有或多或少的影响。

二月间，东魏命尚书右仆射高隆之征调百姓，用拆除的旧都宫殿，搬去邺城，营建邺城新城；同月，司州刺史陈庆之讨伐东魏，失利而回；同月下旬，西魏的丞相宇文泰命令有司斟酌损益，制订符合国情的二十四项新法令，不久后，得到皇帝元宝炬的批准，便开始执行。

七月，西魏的东益州刺史傅敬和投降梁；同月，西魏文帝元宝炬颁诏声讨高欢，高欢也不甘示弱，赶紧爆宇文泰的黑料，还扬言说要西下讨逆。

八月中下旬，东魏的司空济阴王元晖，被疑与西魏有勾结，免了职；同月，邺城南面筑起一座新城，周长约为二十五里。

最值得一提的，也是这月的一桩事：新任的左光禄大夫赵刚，开始劝说宇文泰将贺拔胜、独孤如愿等人赎回。宇文泰答允了，也委托赵刚出使梁，去办这件事。

西魏这个举动，在萧衍看来，也是在释放合作的信号。三国之中，西魏是最弱的，它和东魏之间的恩怨，是没办法调和的，少一个敌人，不代表一定会多一个朋友，但至少不至于在将来双面受敌，狼狈不堪。

这些心思，萧衍怎能不懂？只不过，他没打算现在就和西魏言和，自然也拒绝西魏迎回重臣的诉求。萧衍对两魏之间的搏杀，持观望态度；与此同时，独孤如愿等人，却更坚定了归国的想法。

只要西魏没放弃他们，他们依然想回到自己的大本营！

现在，两魏之间，还没展开大规模的战争，那是因为他们都在搞建设、抓内政，比如，宇文泰在十月间，处置了妾侍的哥哥王超世。西魏才刚立国，这个秦州刺史竟敢大贪特贪，这种人决不能饶！

除此以外，柔然的头兵可汗向东魏求婚，也引起了宇文泰的警觉。作为曾经让北魏头疼过的部族，柔然的势力依然强大，高欢当然知道这一点，便将常山王的妹妹封为兰陵公主，许给了头兵可汗。

在外交上，柔然果然没玩暧昧，时不时骚扰西魏一下。西魏也死不起人，便只能委派中书舍人库狄峙，去与头兵可汗说，他东魏能给的，我们也能给！

柔然的确没再入侵西魏了，只不过，这个和亲协议，到了它要兑现的时候，将会给文帝元宝炬带来极大的痛苦。

漫漫归国路，别人先行一步

536 年，东魏拿下西魏的夏州，西魏的灵州刺史曹泥与女婿凉州刺史刘丰又投降了东魏，高欢十分得意，但是，对于皇帝元

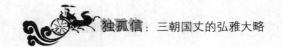

善见要为他加九锡的做法，他是坚决推辞的。

历来，有意篡位的权臣，没几个不稀罕九锡的，就算皇帝不给自己都想方设法去要，远的不说，近的只看东晋的桓温便知道了。那么，高欢是不是从来就没有篡位之心呢？

非也！没贼胆，并不代表没贼心。

尔朱荣没胆篡位，也不仅仅是因为他铸不成金人，更重要的是，他出身于契胡。"契胡"也就是"羯胡"，不管是鲜卑贵族，还是汉人，都没怎么把契胡人瞧上眼。要篡位，需要赢得大批人的支持，尔朱荣不是不明白。如果他活得够长，将来也许胆气会壮起来，但元子攸就没给他这个机会。

再说高欢。高欢本为汉人，原籍渤海，因祖父高谧犯法，移居怀朔镇，成为出身于普通兵户之家的鲜卑化汉人。高欢如果不想争夺最高权力，安心做个社稷之臣，当时是不必欺侮元修的；而他要真想在眼下取而代之，却很难。因为，拓跋鲜卑已经在北方根深叶茂了，现在也只是叶子残了掉了而已，老根却还扎在土壤里。

高欢把皇帝逼得太紧，人家怕成为元子攸，于是，打不过便跑。这一下，高欢便捅出大娄子了！他可以批评出帝元修太不成器，也可以指责宇文泰是弑君逆臣；但是，宇文泰却也可以"对症下药"，笑话他当初相中元修的眼光，谴责他追逼皇帝的恶劣行径。

所以，高欢在儿皇帝元善见面前，虽然比较低姿态，先后拒绝了黄钺、九锡等待遇，但这不代表他没有篡位的野心。强大的舆论，他不能不忌惮！

不过，只要东魏的实权在整个高氏的手中，高欢也不用担心元氏能翻起大浪来！他还得利用元氏这个招牌，来对抗宇文氏呢！

话说到这里，不得不简单评述一下，东魏和西魏，哪个才是元魏的正统。

明清之际的王夫之在《读通鉴论》中，说"拓拔氏以夷而据中原"，觉得根本不值得为这个问题而争论。他又说，元修淫乱，元善见孱弱，更不值得为他们谁是正统而辨析。

这个说法，其实并不客观。

如果不承认北魏的正统地位，西魏乃至北周，也就不能得到承认。那么，这又将把隋唐两代，放到怎样尴尬的位置上呢？要知道，它们一向被视为"正统"，可在诸多方面，又都与前代一脉相承。再说，我们也不能因为皇帝不中用，而否定他们政权的合法性。

值得注意的是，王夫之并没提到在西魏当了 17 年皇帝元宝炬。表面上看来，元宝炬和元善见有相似之处，都显得比较孱弱，但其实他在这些年里，能和宇文泰好好周旋，使实力最差的西魏，一步步逆袭，这就不可等闲视之！

简言之，从对北魏制度的继承性来看，东魏是正统；从皇权的继承性来看，西魏是正统。我更倾向于后者，因为，正是由于西魏灭了梁，才为北周、隋、唐三朝的建立做好了必要铺垫。应该说，隋唐盛世的起源，该算在宇文泰的头上。

当然，每个人都有自己的执念，比如独孤如愿。他坚信他一心追随的西魏，是魏之正统。536 年，独孤如愿已经 34 岁了，这

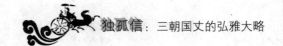

一年，在他身上会发生怎样的故事呢？

首先，有一点必须明确，为了回西魏，无论梁这头发生了什么事，他都不好多加置喙。就在正月间，萧衍为了给亡父祈求冥福，准备给他建造一座皇基寺。有司赶紧去搜寻木材，南津校尉孟少卿为了讨好皇帝，无耻地诬蔑并霸占了小老百姓的木材。

北魏皇帝也佞佛，也曾劳民伤财过，但还没到梁这地步，独孤如愿对此也颇为无奈。闲来无事，他也会想起作为政治犯被高欢扣押的家人。

高欢是有政治头脑的，他倒没有虐待过这类人群，只不过，在异乡喧闹的氛围中，独孤如愿自然也会感到刻骨的寂寞。

旧朝的一风一物，都被这个西魏"逃难团"惦记着。眼前的这个建康城，是一个怎样的地方呢？早在建安十三年（208 年），诸葛亮出使江东时，便曾对孙权说："秣陵地形，钟山龙蟠，石头虎踞，此帝王之宅。"不久后，孙氏建国便以此为都，后又分置建康、秣陵二县。

所以，一提到建康，就意味着山明水秀、店肆林立、商贩如云的繁华。可是，在建康最热闹的市集上，他们也不容易吃到熟悉的胡麻羹，听见熟悉的鲜卑语。

当然，独孤如愿所感受到的寂寞，也不仅仅是因为思乡和念家。

如同胡人藐视过汉人一般，汉人也一贯看不起胡人，所以，胡汉对立情绪严重，私底下爱把对方称为"岛夷"和"索奴"。独孤如愿和贺拔岳等人，在这里多少会受到南朝士人的排挤。

这里，终究不是自己的家。所以，他们会比梁的士人，更在乎东魏和西魏各自的发展趋势，自己也恨不得肋生双翼，飞回国去建立功业。

东魏那边，高欢的嫡长子高澄，不过才 15 岁，就以雷霆手段立足于官场。这个官二代，已经是大行台、并州刺史了，前途不可限量。

西魏这边，秦州刺史万俟普带着儿子和心腹，一共 300 人一起投奔了东魏，这对宇文泰来说，是极大的损失。一番追赶之后，仍旧无果，他也只能从黄河以北 1000 多里的地方，失望地返回国都。

毕竟，东魏的优势摆在那里，怎么看，都是东魏占了上风。不过，独孤如愿却从没想过，将来会对高欢"投怀送抱"。

到了这年七月，独孤如愿的想法更为坚定了——因为，贺拔胜要回西魏了。

在这之前，贺拔胜下了不少工夫，如今算是水到渠成了。之前，史宁随贺拔胜投梁。他也是一心向着西魏的，所以当梁武帝萧衍说要让他衣锦还乡时，史宁却说，他一直深受魏恩，不能向逆贼高欢称臣，只希望能在这里得到暂歇。后来，他和贺拔胜商议之后，决定去找梁武帝的宠臣朱异帮忙，又让原来掌书记的卢柔写了精彩的表文。

朱异也被他们的思乡之念打动，终于答应他们前去说服皇帝。这一次，萧衍亲自在南苑为贺拔胜、史宁和卢柔钱行。

根据现有的资料，无法得出独孤如愿这批人，不被同时放归的确切原因，但眼看昔日好友和上司都将回到大魏，他的心情自然复杂难言。

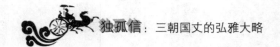

不过，其实这对独孤如愿来说，不一定是件坏事。因为，贺拔胜的归程是否平安，回国后的待遇又如何，都是未知之数。同样是要走上归国的道路，先走的人自然是在试水。

贺拔胜一行人把这水深水浅试过了，独孤如愿再来采取行动，岂不是风险系数大大降低了？如果独孤如愿也想到了这一点，他必然不会为他暂时不能归国而焦急。

事实上，贺拔胜这一路，的确是凶险无比。

高欢的信息网是很发达的，他很快便知道了这个消息。于是，贺拔胜在路过襄城时，遭到了侯景等人的截杀。为了逃命，他们丢弃了原本用的木船，循着小路逃回西魏境内。这时，秋雨阴寒，随从的人当中，因为饥饿寒冷，倒有一大半死在了路上，连卢柔也险些性命不保。

幸好，贺拔胜这群人冒着大风险，回到长安之后，皇帝元宝炬没有怪责他们，反倒是流着泪安慰他们，授贺拔胜为太师，给史宁晋封侯爵，封卢柔为容城县男。

贺拔胜的回归，也意味着梁向西魏释放了和平的信号。高欢见状心里着恼，便在九月间，以定州刺史侯景兼尚书右仆射、南道行台，大举侵梁。梁也不示弱，忙在下一月，颁诏讨伐东魏。

独孤如愿对此是乐见其成的。

消息很快传回梁。先是，侯景俘了梁将，向淮河上游进发；再是，南、北司二州刺史陈庆之将侯景打得落花流水。战事持续时间不长，到了十一月初，梁武帝便命陈庆之撤军。

再下一月，高欢派遣使者来梁求和。

按照常理，梁武帝萧衍不该答应他。因为高欢要的，怎么可能只是短暂的和平，他要的，是一个联盟。不妨来算一笔账——联强除弱的话，最后是两强相争，必有重伤；联弱抗强的话，则可以先除强国，最后轻松地收拾掉曾经的盟友。

然而，萧衍答应了高欢。

这一年，也许是独孤如愿在人生前三十五年中，最难过的一年。西魏那边，关中地区的大饥荒，出现死者十之八九的惨剧。这已经让他耳不忍闻。而梁这边，既然已经和东魏建交了，自己将来也很有可能，从贵宾沦为人质，成为政治牺牲品。

可是，独孤如愿就是沉得住气。

他什么也没说，只一味低调地生活。他告诉自己，在人生中的最低谷中，他需要以冷静的智慧、无双的勇气来面对。

他还会呆多久呢？他自己也不清楚，但他依然希望自己被幸运的魔杖点中。

侍奉旧主，绝无二心

第二年，537 年，正是西魏大统三年。

独孤如愿在心里牢记这一点，尽管，他所在之处，人们以"大同三年"来纪年。

这年正月，东魏主动入侵西魏，地点选在蒲坂。史家所说的"两魏五战"中的第一战——小关之战，就此拉开序幕。小关，在潼关南边。

除了这一次，后来的两魏之战中，几乎都能看到独孤如愿的

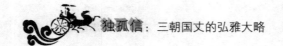

身影。他渴望着，自己能亲自披上战甲，以智慧和勇力恢复旧山河，但这只鸿鹄，如今却受困于异国他乡，只能在心里为战友们祈祷。

起先，高欢率大军在蒲坂造了三座浮桥，看起来是打算从这里抢渡黄河。宇文泰没有被假象迷惑，认为对方行为太过惹眼，分明是在使诈。按照宇文泰的部署，西魏军首先去攻打潼关守将窦泰。

如果奇袭成功，拿下了屡战屡胜的窦泰，对方将受到致命打击。高欢就在眼前，窦泰却不然，宇文泰的主张无疑有些冒险，但天才的军事家，就有这样精准的判断力。西魏六千精兵骑直出小关，窦泰仓促之下，败得一塌糊涂，索性自杀谢罪了。

高欢痛失爱将，气也泄了一大半，只能撤毁浮桥，班师回军。宇文泰哪会放过他？只不过，为高欢殿后的人自然是有的，因此他才保住了这条命。

所有人都知道，去年西魏关中饥荒，却没想到东魏本来打算趁火打劫，居然还一不留神烧了自家手脚，高欢真是气得一佛出世二佛升天。

独孤如愿听说了这消息，心情自然也松快了许多。他也听说，贺拔胜建了战功，被进封为中军大都督。不久后，又因追擒了东魏将领高干等功劳，在五月间，被加为太师。

富于冒险精神、进取心态的人，并不在乎他自己回国时，会不会遇到与那人一样的艰难险阻；他在意的，只是自己能不能以赤心肝胆，为国家和自己赢得荣誉！是的，他相信，未来的某一天，他的成就会超过贺拔胜。

在独孤如愿考虑再次向梁武帝提出归国请求之前，有两件事值得一提。

一是，高欢突然得到了一块奇石，其上隐约有字，有人便说这是上天授命之兆，乘机劝他受魏禅，高欢闻言大怒，举起棒子打跑了他——这至少表明高欢没贼胆。

二是，东魏和梁之间往来密切，还时常让擅长辩论的人出使友邦，参加辩论赛。比如，官二代高澄就特别喜欢组织这种比赛——这至少表明两国之间关系稳定。

大约七月初，独孤如愿郑重提出归国的请求。

因为，西魏一直在尝试与梁再度通好，这一次，萧衍同意了。不过，他却问了一个问题："朕听说，你的父母妻儿如今被高欢囚于山东，今日朕允你北归，不知你是归国还是归家？"

"为君臣者岂能因顾念家人而事二君乎？"国不在，则家不存，独孤如愿几乎是脱口而出。这个答案，萧衍并非不能预知，但仍然有些意外——东魏虽在小关之战中败给了西魏，但无损于他们的国力；而且，高欢还捏着独孤如愿一家老小的命。

所以，他有些感慨，都说北蛮没什么文化，更不在乎什么伦理，但眼前竟然有这样一个谨守忠义的人，实在让他钦佩。萧衍便命官署置备厚礼，放他北归。同归的，自然还有杨忠和宇文虬。

一身轻松，好似脱笼之鹄，这便是独孤如愿的心情写照。只不过，因有贺拔胜遇险的事，回国路上几人分外小心，还好一切平安。然而，离家国更近了，内心却翻涌起了波涛——他们是不是能像贺拔胜一样，不受到任何惩罚呢？

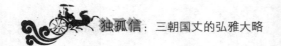

独孤如愿，在 35 岁这年，如愿以偿地回到了长安。

其实，印象里的长安，和他离开的时候，略有不同。皇宫已初具规模了，各种制度也建立起来了，但是，因为那场饥荒，熙熙攘攘的景象，在这里是找不到的。

不过，他相信他的选择，以他对宇文泰能力的了解，他相信他们会让西魏这个贫弱的国家，成为三国对峙的终结者。

回到长安，首先要做的事，便是向皇帝呈上请罪的文书。

在元宝炬做皇帝之后，这还是君臣间第一次会面。过去，元宝炬还是南阳王的时候，独孤如愿就对他有足够的了解。

他的父亲京兆王元愉，是孝文帝元宏第三子，宣武帝元恪的异母弟。元恪对他的几个弟弟都是比较厚道的，所以，元愉虽有一些骄肆的行为，也没受到重罚。然而，元愉并不喜欢元恪为他娶的王妃于氏，却十分宠爱杨氏，这便惹出了大事。那个于氏，是元恪皇后的妹妹，皇后为了给妹妹出气，竟逼李氏做了尼姑，还毁了她的容。

元愉本来在政治就受到打压，这次更是怒火中烧，重新得回爱妾后不久，便于永平元年（508 年），在冀州起兵谋反，自己称帝立后。

可是，元愉兵败受降后，元恪却不舍得杀他。说不清，最终元愉是自杀的，还是被外戚高肇派人绞杀的，总之是，李氏生了遗腹女元明月后被处死，而元愉的所有子女都被元恪赦免了。

胡太后这时也突发善心，将元愉追封为临洮王，并让元宝月继承爵位。

这个元明月，便是被宇文泰杀害的公主，而元宝炬，则是元愉第三子。元宝炬自己做了皇帝，也追谥了他的父母。

在独孤如愿看来，元宝炬应该是一个很有勇力的人。最能证明这一点的是，他在正光（520—525 年）年间，担任直阁将军时，便很不满孝明帝之母胡太后摄政的行为，还帮助皇帝密谋他母后身边的奸佞小人，只不过，他因事泄而被免官。

那个时候，元宝炬当然想不到，自己后来还是被封了侯，进了王位，最后还做了皇帝。应该说，独孤如愿对这个向来很有主见的皇帝，充满了信心。

因为先前受困于梁，讯息相对闭塞，一时之间，独孤如愿还没摸清楚，元宝炬如今的性情，和他与宇文泰之间微妙的关系。

独孤如愿呈上请罪的文书后，在朝中引发了廷议。

不管三年前的情形有多艰难，独孤如愿始终是逃去了梁避难，这种做法，无疑是有损国家威望的。当时，七兵尚书、陈郡王元玄等人认为，边将在外督军，军队被歼灭，按理说国法难容，但是荆州刺史独孤如愿却不应当受罚。

他们的理由很充分。首先，独孤如愿有大功，他斩杀了敌军主帅辛纂，将他的首级传示于京师，鼓舞了人心；其次，当时他只有一小撮孤军，无法自保，情有可原。

最后，他们说，皇帝应该效法秦国宽恕孟明视，汉朝赦免李广利一样，不但该赦免他的罪过，还应当恢复他原来的职务。

对群臣的决议，元宝炬也深以为然，便说独孤如愿不能降贼，又还朝无路，只能以南下投梁为权宜之计，没犯下什么大错，而且，他"避难江南，履顺入险，情义始终，实可赞叹"。

就这样，独孤如愿被免罪，并转任骠骑大将军，加侍中、开

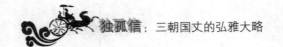

府衔，过去，他仪同三司、浮阳郡公的官爵，都照领不误。

独孤如愿回国后的待遇很高，同归的杨忠和宇文虬，则一个被宇文泰看中，将他留任；一个增加食邑四百户，进封为南安县公。

还朝以后，立功赎罪是必要的，而自己的社交网络也需要建立。很快，独孤如愿发现，元宝炬的性情，和当年相比有了很大的变化。他完全是一副拱手而治的模样，将国事都交付给宇文泰，压根没有一个位及紫宸的人该有的气象。

在这里，很有必要将贺拔胜这个归国"先驱"的两个小故事讲一讲，因为，他的所作所为，对独孤如愿归国后的心态，无形中会有不小的影响。

这两件事，都和射箭有关。

对于萧衍，贺拔胜是万分感激的，所以他每次行猎，看见南去的鸟兽，都不会忍心射杀。对于宇文泰，贺拔胜的心态就复杂了。他总觉得，对方是接替他弟弟的后起者，不过因为风云际会才成了西魏的一号人物，所以在没认清大势之前，对宇文泰的态度是不太殷勤的。

不过，很快他就后悔了。

某次，宇文泰在昆明池请大家喝酒，瞥见池中的两只凫鸟，便请贺拔胜展示一下箭术。贺拔胜便就此机会，一箭双鸟，还趁这个机会表达自己的悔意和忠诚。

以人为镜，独孤如愿告诉自己，宇文泰是他的兄弟，但也是他该格外敬重的人，他要在这里真正站稳脚跟，不可不慎。

眼下，他要用自己的战功，来立足于世。下一个月，机会来了。

【注】关于杨忠归魏，《周书》中说"大统三年，与信俱归阙。太祖召居帐下"，但《周书》中又说"从擒窦泰"，这两条记载自相矛盾。关于宇文虬归魏，《北史》上记载为"大统三年归阙"，但又说他"禽（擒）窦泰"，这两条记载又自相矛盾。

不过，后世一般都认为，二人是与独孤如愿同进退的，所以，很有可能，这二人擒窦泰的记载有误。除非独孤如愿是在小关之战之前回国的，但这个可能性几乎不存在。

第四章 立功赎罪在旧朝

时　间：大统三年（537年）——大统六年（540年）

皇　帝：西魏文帝元宝炬

年　龄：35—38岁

关键词：屡立战功，发丧行服，迎娶新人，河桥之战，
　　　　保卫荆州

收复恒农，攻克沙苑

在今年年初的小关之战中，宇文泰放弃近在眼前的高欢不管，反而去攻打窦泰，这主意着实冒险，起先便没几个人同意，但宇文深则不同。

这个宇文深，是宇文泰的族子。他认为，在小关之战中，官军已经大获全胜，如今如果能趁着这个势头，攻下恒农，那便再好不过了。恒农如今在东魏手头，宇文深的理由，主要是去年国朝遭遇了饥荒，而那里有个大粮仓！

宇文泰觉得他说得有理，便在本月（8 月）中旬，雷厉风行地开干了。于是，两魏五战中的第二战——沙苑之战的火苗，被西魏引燃了。

这一次，独孤如愿、杨忠、宇文虬都有出征，不过，因为宇

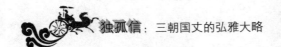

文泰的留任，杨忠是受他的直接调遣了。另外，独孤如愿的老友赵贵，从侯莫陈悦那里投诚过来的李弼，梁州刺史梁椿也都参加了这次作战。

史上说西魏这头，主要派出了十二将，他们分别是李弼、独孤如愿、梁御、赵贵、于谨、若干惠、怡峰、刘亮、王德、侯莫陈崇、李远、达奚武。

这里面，刚刚归国却被重用的，只有独孤如愿。

在小关之战中，东魏败得极为狼狈，分析西魏获胜的原因，主要还是宇文泰集中兵力，攻其不备。独孤如愿对这个战果也十分振奋，他希望，在接下来的硬仗中能好好表现自己。

十二天后，从长安出发的东征军，便到达了恒农，仅仅用了两天时间，便捉住了东魏的陕州刺史李徽伯，并俘虏了 8000 敌军。宇文泰乐得眉开眼笑！

白花花的米饭，香喷喷的麦粉，对于他们来说，实在是太为宝贵了。大部队驻扎在这里，既能好好享用，也可以从容待敌。想想看，高欢前失窦泰，今又丢了恒农，不气得跳脚才怪。

免费的三餐，西魏一共吃了接近两个月，就算是之前饿得只剩皮包骨的军士，现在都长得肥实了。但是，形势依旧非常严峻。因为，他们的人马还不到 1 万，而高欢气咻咻带来的大军——真的叫大军，听说足有 20 万之多！

1：20，这仗怎么打？

这一次，宇文泰做了撤军回关内，再行阻击的决定。好在撤得快，没几天，作为先遣军的高敖曹就带了三万兵马，围住了恒农。不过，高敖曹见状也唯有苦笑，宇文黑獭跑了，恒农的粮食也没了一大半。

高欢是从壶口（今山西吉县西）出发赶往蒲津（今陕西大荔东）的，由于报仇心切，脑子也就不那么清醒了，底下参谋们的话，也没怎么听进去。

一个人劝道，西魏连年饥荒，所以才来当强盗，既然高敖曹已经围住了粮仓，那么他们不如不出战，只分兵守卫的好。因为，等到麦秋时分，他们自然会而饿死的！

侯景也在考虑战术，说："我军人多是优势，但也是劣势。如果战不利，兵马没有好好集结，反而会有危险。倒不如让大军分为两队，分批而进。"

侯景的意思，便是前军胜，则后军继；前军败，则后军应。

这两个人说的，其实都有道理，但高欢摇头。他就不信，他有这么庞大的军队，还会担心黑獭使诈。于是，他没有停留，又从蒲津渡过黄河，一路前行。渡了黄河，又过洛水，东魏军迅速进屯沙苑（今陕西大荔南，洛水和渭水之间）以西，赫赫气焰直冲长安。

这时，西魏军已回师渭水之南，并征发诸州兵马协同迎战。

当务之急，是要阻止东魏军来长安捣乱。长安是他们的心脏，无论如何都得保住。事出突然，临时征召的人没有那么快到位。敌众我寡之下，大部分将领都觉得，敌不动我不动，才是上上之策。

宇文泰却不以为然。高欢如果真的动起来，汹汹来势就不是他们所能抵挡的。一旦他攻入长安，再想收回失地和人心，就难啰！

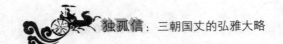

最好的办法，是趁高欢风尘仆仆而来，还自恃人多，有些轻敌的焦躁情绪，冷不丁扑上去揍他。独孤如愿也赞同这个主意。不管这仗怎么打，他都愿意听从差遣，在带头人的指挥下，联合作战，尽管在起初，他的发展比对方要好一些。想想也是，只有心理素质过硬的人，才能正视眼前的种种际遇变化。

三天！宇文泰只给将士们三天的时间，轻装上阵。

与其说，高欢没想到对手在这么短的时间内，造了浮桥渡过渭河，不如说他不相信他们有这个胆量来应战——可他们就是来了。

人数，比先前也没多多少。开什么国际玩笑！高欢冷笑，但他也不敢掉以轻心。

在沙苑，两军只相隔六十里左右。冬风刺入肌肤，有些砭骨的寒意，让人无限向往在恒农时的饱足生活。因此，独孤如愿更加明白，只有打胜这一仗，他和西魏才能有喘息之机。

作为领军之一，独孤如愿心潮澎湃，亮出了手上的刀刃。这场闪击战，令他终生难忘。

在宇文泰的安排下，达奚武带着三个骑兵，混入东魏，冒充督察官。此举是为探知对方的虚实和士气。对方士气并不是特别旺，这是达奚武的反馈。不过，西魏军依然有些发怵。宇文泰便道："黄狗逐黑狗，黑狗急走出筋斗。一个筋斗出，黄狗夹尾走。"

大家都有些迷糊。独孤如愿却懂了。很明显，宇文泰这是要利用谶言，来鼓舞士气。

说到黄黑二色，不得不提另外一件事。在邺城里，每当两魏交战之前，不论规模大小，都会有黄黑两种蚂蚁，在城中展开群斗。人们慢慢发现，黄蚂蚁如果取胜了，身穿黄色军服的东魏军也将取胜。

果然，独孤如愿听见宇文泰说，这谶言是来自于一个名唤高顺兴的高士说的，而国朝军队正是穿的黑色军服，所以，只要他们拿出全力去攻打高欢，必胜！

谶言这种东西，很玄乎，我们不作深究。我们只需要知道，西魏军的士气，的确被宇文泰鼓振起来，就行。

全军在沙苑以东十里外的渭水之曲驻防。散骑常侍赵贵，和骠骑大将军李弼，分别在左右两边设下了方阵，但这些只是表象——魏军中也有不少人埋伏在长满芦苇的沼泽地里。

只要鼓声一响，他们就一起冲出，杀高欢一个措手不及。

高欢的都督斛律羌举看出，西魏想求个速战速决，便提议不如一边拖着他们，一边暗中偷袭长安。高欢并不采纳，不过，他也不愧和宇文泰为同一重量级的牛人，大概猜到他们会在渭水之曲的芦苇丛中设伏，打算用火烧。

可惜啊可惜，侯景一向猴精猴精的，这回却脑子抽了，说："要是宇文黑獭被烧成了宇文黑炭，老百姓咋知道啊？谁信我们赢了啊？"说他脑子抽了，这是玩笑话，真实的情况应该是，他担心鸟尽弓藏的那日提早到来。

高欢手下的彭乐却认为，应该速战速决，并自信满满地请战。

到底打持久战，还是速决战？"公说公有理，婆说婆有理"，还是打吧，反正人多，咱不怕！这是高欢的逻辑。没成想，这刚一开打就被搞得灰头土脸。

简单地说，东魏军的军阵乱七八糟，并不全因芦苇丛中的伏兵突袭，更不是因为对方的鼓号声响亮，而是因为，他们都贪功冒进，生怕为数不多的人头，被同伴割了去。对比一下尔朱荣当年打葛荣的做法，不难明白这个道理。

其中，最囧的就是彭乐，居然被一竿子长矛捅得肠子都流了出来，不过他还是好样的，只手填回了肠子，再战！

阵形全乱了，高欢气得胡子都快吹飞了。独孤如愿在酣战中，越发期待全面的胜绩！

可惜，在斛律金的建议下，高欢终于冷静下来，撤往黄河以东。高敖曹无奈之下，也赶紧从恒农退往洛阳。

"宜将剩勇追穷寇"，这话是正理，但得量力而行才是。所以，当宇文泰追到黄河西岸时，便蓦地止步了，他向来稳重，他担心在河对岸的死对头会诱他深入。所以，他没再追下去，只从俘虏中挑选了2万人，其余全都做了人情，放他们回家了。

末了，宇文泰让与战的将士们，都在沙苑这里手植一棵柳树，以显不世功业。以少胜多，这自然是不世的功业了。直到全军凯旋至渭水之南，诸州兵马才姗姗来迟——也怪不得他们来得迟，而是主军只用了三天，便创造了这种奇迹！

说一下战果。

西魏一共歼灭和俘虏敌军8万人，还捡到了18万铠仗，正式拿下了恒农粮仓。事后，凡建有军功的将士，都得到了封赏。独孤如愿因此被改封为河内郡公，食邑又增加了二千户。

依照往常的作战风格，主帅怎么决策，独孤如愿便怎么执行。战场上需要的，恰恰就是这种看似没什么"主见"的人。想当年，让独孤如愿闻名于世的那场表演，真不得不让人感叹一句："袁肆周，你好生倒霉！"

是的，在岁月的磨砺下，他已不是当年那个独孤郎了！这不是说，他当年不该求冒进了，而是说，如今他愈发收放自如，他已经不再需要以单挑那种方式，来冒险求名了。

沙苑之风，风如割，他在这里植柳庆功，也是在洗刷败绩，他却不知，让他心如刀割的一件事，很快将从战俘口中说出！

子欲养而亲不待

两魏都源于北魏，所以，在俘军中突然遇到老熟人，是不足为奇的。独孤如愿却没想到，他遇到的那个亲属，带来了一个噩耗。

原来，独孤如愿的父亲库者，不久之前过世了。

史书上，没有具体谈到老人家去世的原因，只说到独孤如愿听说此事后，"乃发丧行服"。古语说，"树欲静而风不止，子欲养而亲不待"，相信，这就是独孤如愿此时的心态。

其实，这一天，也并不在意料之外。只是，如果人生能回头的话，不知道他会在忠义和孝道之间，做出怎样的选择。

可是，开弓没有回头箭，既然他一心向着大魏，也只能如此了。还有一个问题横亘在眼前，那就是，他已经35岁了，可是他还没有子嗣——被高欢扣押在东魏的那一个，未必能有重见的机缘。

出于这样的目的，独孤如愿的第二次婚姻，应该没有等到他

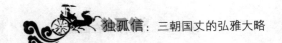

完全除下丧服的那天，而且，当前正是用人之际，他也没法辞官守丧。不过，关于守丧，有"三年之丧"的传统，但事实上，这不是指整三年，一般为二十七个月。比如，北宋的苏轼，从嘉祐二年（1057年）四月开始奔母丧，在嘉祐四年七月免丧。

独孤如愿的第二位妻子是郭氏，其出身和被娶进门的时间，都没有确凿记载，只有她生下独孤善、独孤穆、独孤藏、独孤顺、独孤陀、独孤整的记录，较为明晰。

总之，独孤如愿在擦去眼泪后，开始了他的新生活。

话说，高欢连输了小关之战和沙苑之战，心情郁闷可想而知，他势必将卷土重来。西魏这头，一刻也不能放松警惕心。像之前其他割据政权一样，在一定条件下和平共存，这是不可想象的。

当前，有利于西魏的形势固然不少，可是他们不会不知道，黄河以北的地方，大多归属于东魏。在下一次两魏大战到来之前，双方都有些手痒，难免想冲出自家院子，去过过招。

也不单单在这方面过招，宇文泰和高欢也经常互相招抚和引诱对方阵营里的人。特别是高欢，手里捏着不少西魏文武大臣的家眷，这是他很重要的筹码。很有可能，他也招降过独孤如愿，可惜对方心志坚定，毫不动摇。

因为既担心宇文泰来挖墙脚，又担心萧衍那个正朔王朝的吸引力太大，高欢甚至不怎么敢处置贪官污吏，惩办他们的事，还要在几年后，托付他的长子高澄来完成。

眼下，对于东魏来说，除了都城邺城、大本营晋阳以外，便是北魏旧都洛阳，最为重要了。如果能夺回这座城池，一方面，将十分有利于提高西魏作为魏之正统的声望；另一方面，则能将防御线向东推进不少。

出于这种目的，在十月中下旬，宇文泰派出了一小股部队作为试探。试探结果，是战不利，但这个没关系。这毕竟只是试水，第二次嘛，便得派出不一般的大将了。

这次，他毫不犹豫地选择了独孤如愿，与冯翊王元季海作为主力部队的主将。同时，贺拔胜作为中军大都督，也将和雍州刺史李弼一起前去围攻蒲坂；丢失的荆州，也命洛州刺史李显尽力去夺。这三路，分别是东、北、南路。

前次，宇文泰自己领军，带出的将士不足 1 万，这次却给他们 2 万兵马的配备，可见他在恒农吃饱喝足后，目标已更为宏大。

独孤如愿率众攻入洛阳，同另外两路人马相似，较为顺利。说它顺利，这体现在，他作为前锋，驰出潼关，一路沿着黄河之南前进，竟然还没到洛阳，就得知对方主将弃了城，逃回邺城的消息！

独孤如愿所在的具体位置，是新安（今河南渑池东，北瀍山西），这个地方距离洛阳还比较远。其实，他有些无奈——要说这个人是"主将"，还真辱没了这个词儿。

他便是洛州刺史元湛，东魏的广阳王。

这位王爷，其胆量和作战能力，有些像梁武帝那个六弟。此人名唤萧宏，被封为临川王，论个人能力，完全和他盘剥百姓的能力成反比。506 年，萧宏奉诏攻占梁城，驻兵在洛口，因为胆怯，他甚至觉得夜遇的暴风雨也很恐怖，索性趁夜逃了。

没了主将，数十万大军溃散如沙。当年，北魏军捡到的大便宜，如今独孤如愿也捡到了一回。其实，他是个硬汉，现在又需

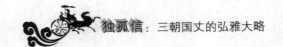

要建立过硬的军功，自然希望能酣战一场了。可惜啊可惜，拥有精良器械、整齐军容的东魏，竟然派出广阳王来作主将！

当然，最后他也不是完全没遇到抵抗，而是来者几乎都是小股部队，不堪一击，而真正有威势的是武城县侯高敖曹所领的部队。不过，对于洛阳几乎成为空城的危情，高敖曹也是远水救不了近火，只能窝着一口气，一边暗骂那个草包王爷，一边撤退到黄河以北。

之所以选择撤军，而不是前去夺回洛阳，很可能只是没得到新指令不太可能有怯战观望的因素。要知道，他擅长使马槊，极为剽悍，被时人誉为项羽再世，与前次高欢所失的爱将窦泰，也有得一比。

如果独孤如愿得知高敖曹撤军的情报，想必有些遗憾。按说，他是十分渴望与高敖曹战上一场的。想当年，他在荆州败给了人多势众的高敖曹和侯景，后来流落异域三年，心里应是别有一番滋味的。

高敖曹在这之后担任豫州刺史，也平定了三荆，之后名声也越来越响。独孤如愿是否有机会与他再战呢？且往下看。

进入洛阳，让独孤如愿颇为感慨。这里，曾经是北魏的都城。他还记得，孝武帝元修予他的信任，如同他记得这里的似锦繁华。可是，眼前的情形却是荡荡一空，连宫室都倾塌破败的模样。不过，这是西魏军第一次收复洛阳，有着怎样的战略意义和纪念意义，真是不言而喻。

洛阳、蒲坂和荆州，几乎都是在东魏军没尽力抵抗的情况下得到的，这现象其实很值得深思，不能仅仅归结为运气或者说是对方守将的低能。或许，举个例子，比较能说明原因。

就在独孤如愿进入洛阳后不久，颍川长史贺若统，为了表达投诚的诚意，在第一时间，与密县人张俭合伙抓了颍州刺史田迄，举城投降。恒农的裴志原本决定隐居于乱世，闻讯也"纠合义徒举广州归同"，包括郑伟、刘志、赵肃、韩雄、陈忻、魏玄等在内的豪强也先后投奔麾下，听其差遣。

此外，颍州、豫州、襄州、广州、陈留等地陆续归附过来，也就是说，河南周边的不少州郡县，都投降西魏了。这说明，在这场战役中，独孤如愿的威信和西魏的声望，都在日渐高涨，甚至，东魏军的不抵抗也是源于对方强大的认同度。

在前来归附的人当中，有三个人最值得一提。

先前，像独孤如愿一样，选择投奔西魏的人并不多，多数人都因为有所顾忌留在了原地，比如柳庆。这个柳庆，是隋朝兰陵公主驸马柳述的祖父。

当年，孝武帝元修西迁之前，还问过他的意见，他也是愿意跟去的，可因为顾念家中老母的缘故，最终没能及时跟从。如今，独孤如愿已经拿下洛阳，柳庆便忙不迭前去相见。一番深谈之后，柳庆赶紧入关了。

柳庆清廉为官，十分正直，最后做到了尚书左仆射。

再说一说，裴宽。孝武帝西迁后，原为员外散骑常侍的裴宽，发现弟弟们不知何去何从，便说作为臣子理应保持气节，便带着他们一起到大石岭避难，直到他感觉独孤如愿这个主帅镇守着洛阳，极为靠谱，这才出来做官。

明年二月，汾州刺史韦子粲降了东魏，韦子粲的兄弟们已经

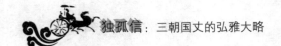

被牵连下了狱，当时，小弟韦子爽还在洛阳，担心自己被抓，走投无路之下，便来投奔裴宽。裴宽也担心自己被连累，但却觉得还是道义更重要，便壮着胆子收容了他。

后来，这事被曝光之后，韦子爽也伏法了，独孤如愿担心裴宽会被问责，便召他来问。大概独孤如愿帮裴宽求过情，最后文帝元宝炬也宽赦了他。

最后，说一下郑伟。在独孤如愿拿下洛阳之后，郑伟便对他的亲族说，现在的皇帝"中兴鼎业，据有崤、函"，河内公独孤如愿呢，一直很有威望，现在又"克复瀍、洛"，所以，短期内，周边郡县差不多都前去归附了。他们家中一直蒙受皇恩，讲究忠义，很应该在这个时候去一尽臣节。

于是，他联合了宗人荣业，纠合了州里百姓。"起兵陈留，攻东魏梁州，执其刺史鹿永吉"，是他表达归附心意的礼物。

独孤如愿也非常高兴，笑而纳之。郑伟这人虽好杀戮，但一直比较有官运，最后，在北周时期死于华州刺史任上。

有一点特别值得注意，这个郑伟，先前并不怎么支持孝武帝。他听说皇帝西迁，第一反应是回归乡里，不求仕进，直到独孤如愿收复洛阳，这才赶来投奔。这里面，固然有郑伟对西魏的发展趋势抱有信心的原因，但又何尝没有他对独孤如愿的敬仰之情呢？

据守金墉城，用尽全力

这里，有必要补叙一下。

有些归附而来的州郡，也有西魏先去主动攻打的因素。比如，豫州。

当初，与独孤如愿并称为"联璧"的韦孝宽也选择了入关，成为了西魏的开国元老之一。在参加小关之战后，韦孝宽便以恒农太守兼任行台左丞，管理宜阳郡的兵马。独孤如愿奉旨去攻夺洛阳时，他也一道同行。

没几天，独孤如愿便送走了老朋友，因为，韦孝宽的新任务，是与大都督宇文贵、乐陵公怡峰，先去迎接颍州义徒，再去攻打东魏的豫州。

按照宇文泰的部署，短期内，独孤如愿将一直镇守在洛阳。要镇守北魏旧都，除了要招抚前来归附的吏民，他觉得他还有两件事应该做。

此时，因为洛阳已经荒败得不成样子了，这让独孤如愿觉得十分痛心。他打算修缮宫殿，便派遣外兵郎中权景宣，带了3000步兵去伐木。另外，洛阳城中的那些名门士族们，也因为战火而流亡离散，他也不能视若无睹。

　　过江则为侨姓，王、谢、袁、萧为大；东南则为吴姓，朱、张顾、陆为大；山东则为郡姓，王、崔、卢、李、郑为大；关中亦号郡姓，韦、裴、柳、薛、杨、杜首之；代北则为虏姓，元、长孙、宇文、于、陆、源、窦首之。

　　　　　　　　　　——（宋）欧阳修、宋祁《新唐书》

说到北方的士族，按照唐代的分法，有虏姓（胡姓）和郡姓

（汉姓）两种。前者在这里不表，后者，在经受北魏政权的分裂的灾难后，分为山东郡姓和关中郡姓。

山东郡姓，主要指太原王氏、范阳卢氏、清河崔氏、博陵崔氏、陇西李氏、赵郡李氏、荥阳郑氏，其大部分都在东魏发展；关中郡姓，主要是指京兆韦氏、河东裴氏、河东柳氏、河东薛氏、弘农杨氏（照老说法，此处不避讳）、京兆杜氏，他们大多在西魏扎根。

柳氏、裴氏等大族，本来是属河东的，他们之所以被被列入关中郡姓，在某种程度上，与独孤如愿等人有关。

原来，河东籍的柳虬和裴诹之，一个在阳城，一个在颍川。受到战乱的影响，他们像是无根的浮萍，有待当政者的重视。独孤如愿不愧是有政治头脑的人，他得知此事后，便以礼贤下士的姿态征召他们，任命柳虬做行台郎中，裴诹之做开府属。

这种做法，无疑对安抚人心，有莫大的好处。此后，柳氏、裴氏等族，都逐渐融入了关中政权之中，并且打入了关陇集团的核心。于是，之后就区别于上述所提的侨姓、吴姓，和郡姓了。

这里一定要回顾一下，独孤如愿自从回到西魏之后，便转任骠骑大将军，加侍中、开府衔。"开府"是什么意思呢？杜甫在《春日忆李白》中吟道："清新庾开府，俊逸鲍参军。"意思是说，庾信有权开府。

在过去，三公、大将军、将军等高官，都有权建立府署并自选僚属，魏、晋时，这资格便放宽到诸州刺史兼管军事带将军衔的人，"开府仪同三司"的名号，也就应时而生了。当然，再到西魏正式建起府兵制后，每军所设的开府兵额就十分固定了，大

098

约 2000 人。

有这种"开府仪同三司"的资格，意味着什么呢？很显然，意味着，独孤如愿可以有更多的心腹，他们将与他一起为他们的国家和集团而不懈努力。

客观地说，独孤如愿在西魏的众位武将之中，并不是最擅长打仗的，但是他的一颗仁心，和他擅长文治的本领，却是当世数一数二的，他不愧为一代能臣良将。

西魏连续获得战果，真是士气如虹，即便是在十二月时，他们在蓼坞有一次败绩，斗志也没受到半点影响。这种情形，让高欢觉得恐慌，除了东荆州以外，黄河以南地区的诸州几乎都失守了！

第二年，538 年。西魏和梁依然以"大统"和"大同"来纪年，东魏因得到一头巨象而改元为"元象"。改元，其实多是为了求个吉瑞，他希望能将失地全都夺回来。他也明白，这功夫不能只下在战场本身。

二月间，南汾州刺史韦子粲向东魏大都督贺拔仁投降，宇文泰杀了韦子粲的全族。老实说，这事做得有失人心。可能，宇文泰最近也是烦透了，便没想那么多。

因为，挑事儿的人来了。

柔然国的头兵可汗在北方成天充老大，在两魏之间晃来晃去。宇文泰就是担心他们会捣乱，先前就将化政公主嫁给了头兵可汗的弟弟塔寒，但是眼下，他们赖不住东魏使者元整的游说，又有些蠢蠢欲动。宇文泰眼看苗头不对，忙劝说皇帝废后联姻，娶头兵可汗的女儿郁久闾氏。

一开始，元宝炬是拒绝的，太子元钦更是拒绝的。对此，宇文泰他能不上火吗？但是，没办法。西魏不但缺钱，还缺人，要是两线作战，真心伤不起！

于是，问题最终以温柔善良的乙弗皇后削发为尼，高贵傲慢的郁久闾氏的到来而解决。这种解决方式并不完美，容后再说。立了新后，元宝炬自然要大赦天下的。宇文泰急吼吼地跑回长安朝拜一通后，又返回华州，屯兵去了。

一直到七月之前，独孤如愿驻守在洛阳，都没遇到大的危机，他将主要的精力放在整顿内务上。不时地，却有东魏大行台侯景等人整军于虎牢，准备收复失地的消息传来。

对方志在必得，西魏包括韦孝宽在内的诸将都觉得自己可能扛不住，差不多都弃城回西部去了。于是，独孤如愿渐渐听闻了南汾、颖、豫、广这四个州重归东魏的讯息。

这些事对他来说，自然构成了压力。

侯景他们在收复之后黄河以南地区之后，下一步要做什么？很显然，是要夺回洛阳。

有道是"不是冤家不聚头"，与独孤如愿聚头的，又是高敖曹和侯景这两位。东魏二将得知独孤如愿据守金墉城，便将主力倾遣过去，将他重重包围。

兵临城下，悲剧是否将重演呢？独孤如愿这头的兵力，与东魏相比，比上一次还要可怜。

一般来说，以少胜多的战例，大多来自于进攻者。被围困在城池中的，是很不容易逆袭的。比如，安史之乱中期的那场睢阳之战，守将张巡以少敌多，苦撑一年，最后的惨景，令人不忍用言语来描述。

这座金墉城，是三国时的魏明帝时所筑的。当时，它只是洛阳城西北角上的一个小城，整个魏晋时期，都少不了废帝废后住在这里。比如，那个臭名昭著的贾南风，倒台后被关押在这里，被人逼饮了金屑酒。

然而，金墉城并不只是个晦气的所在，这里城虽小却极为坚固，一直被当作戍守要地。北魏初年，曾有"河南四镇"之说。这四镇便是，碻磝、滑台、虎牢、金墉。所以，侯景等人选择在滑台整军，是有原因的。

金墉城的城门很不少，共有广阳门、西明门、闾阖门、建春门，东阳门、清明门、开阳门、平昌门、宣阳门、津阳门等，这很容易被分散兵力。虽然兵力是捉襟见肘的，但独孤如愿也想出了应对之法——侦察出敌军的进攻方向再来抵抗，这样便能避免无谓的牺牲。

用这种方法，独孤如愿坚持了十来天。侯景没有捞到什么大便宜，也有些着急，索性纵火焚烧了洛阳城内外的官衙与民宅。自从永宁寺佛塔被毁之后，洛阳再次遭遇浩劫。不过，上一次是天灾，这一次却是人祸。

侯景的逻辑很简单，无非是"我得不到，你也别想要"这么回事。

洛阳城内外的房屋，能留存的，也就十分之二三。不仅如此，侯景还纵容手下打砸抢烧，真是无恶不作。然而，比起侯景往后在江南搞出的破坏，这个真是小儿科了！

这一刻，独孤如愿明白，对方是在逼他出城。不过，这个当

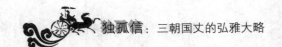

不能上，尽管木材已陆续运抵，宫殿的修缮工作也都开始筹备了。之前，独孤如愿已经命人将告急文书飞驰回京，他想，皇帝和宇文泰都应该有所动静的。事实的确如此。

这时，作为新郎的皇帝元宝炬，本来是要带官员们去洛阳拜祖宗园陵的。在收到告急文书，得知洛阳被围之后，他也不退缩，让宇文泰一道同去东征，又命令开府仪同三司李弼和车骑大将军达奚武，率军先去增援。

怎么说呢？拓跋氏的后人，总归是有些血性的。考虑到长安的安危，元宝炬也命令十岁刚出头的太子元钦，在尚书左仆射周惠达的辅佐下，镇守长安。

独孤如愿很快便得知侯景暂时退兵的消息。这是因为，作为先锋，李弼和达奚武用计将东魏的迎战部队击垮，侯景见状不妙，赶紧解围而去。

与此同时，高欢带着大军还在征途中。宇文泰这头更快一些，一路沿着黄河南岸，穿过恒农、新安等地，直向洛阳扑来。

不管怎么说，军队损失不大，又暂时保住了金墉城，这就不容易了！独孤如愿暂时松了一口气。宇文泰已抵达瀍水东岸，他知道，他将很快与老朋友会和，一起再打一场硬仗！

两魏间的第三次大战，即将启幕。

河桥之战后，保卫荆州

侯景从金墉城撤军之后，还没来得及渡过河桥，便被宇文泰追上来了。然而，眼前的情形对侯景来说，也不差。起码说，他兵力可观，而且，当前他向北占据着河桥，向南又有邙山作靠山，要在这里摆阵御敌，不算难事。

或者是因为骄傲轻敌，或者是因为机会难得，宇文泰这时犯了一个错。他之所以行军速度这么快，主要原因是因为他率领的是一支轻骑，而不是主力部队。这就意味着他不该冒进。

两军在扭打中，不知是哪位大神的箭射得偏了一些，吓了宇文泰一大跳。人家肯定是冲他来的，没想却误射在马屁股上，把他给颠了下来。惨了！贴身的随从都不在身边，一大波东魏骑兵正气势汹汹地杀过来。

还好，都督李穆急中生智，赶紧抽他背，骂他这个蠢货，怎么不跟大行台（宇文泰）去。东魏兵才不想浪费时间去割小人物的头颅呢，带着傲慢的神情，与对方的大 boss 擦肩而过。不得不说，李穆这招鱼目混珠用得好！

由于西魏的主力已经到来，且十分生猛，侯景有些吃不消，便只能渡过河桥，向北撤走。可这只是侯景的选择，先前与他同围金墉城的高敖曹却不以为然。

如果说，宇文泰的冒进只是让他险些丢了命，那么，高敖曹则是自寻死路。他从来没把这只黑獭打上眼，所以干脆让左右随从，张开旌旗和伞盖，高调挑战。

结局两个字，找死！杀他的，还是个无名小卒。

这次河桥大战有个特点，就是军阵拉得很长，内部军情很难及时通传。就是因为这种情况，各军的通讯和调度就出了问题。而且，老天很不给面子，大雾弥散，十步之外都看不清人影，因

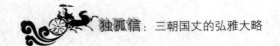

此，不管是黄色军服还是黑色军服，恶战之下都不那么分明。

看吧！在交战中厮打成一团，有没有自相残杀都不好说，更不用说搞清楚谁胜谁负了！

根据部署，独孤如愿走出金墉城，和爵阳平郡公李远领右军，中山郡公赵贵与乐陵郡公怡峰领左军。左右二军在交战中都失利了，这时又不知道皇帝和宇文泰的情况怎么样，无奈之下，都只能弃军先归，去打探消息。陇西郡公李虎所领的是殿后的部队，眼见这情形，索性一道离场，想等弄清状况后，再做决定。

宇文泰没想到，情报不通，竟会造成这么严重的后果，一气之下把营幕辎重一股脑儿烧了，自己领军西返。

由于无人在那个残破不堪的洛阳城驻防，自然它又回归了东魏之手。不过，高欢也没珍惜它，让人彻底毁了已经狼藉一片的金墉城。

从夏朝开始，洛阳曾是商、西周、东周、东汉、曹魏、西晋、北魏的都城，后来隋、唐、后梁、后唐、后晋也都曾在此建都，历史有多悠久，底蕴有多深厚，可想而知。只可惜，它的创伤，要在数十年后，才能逐渐愈合。

有两个问题，值得思考：一是两魏的胜败，二是西魏的退军该不该受罚。

第一个问题：

西魏斩敌15000人左右，洛阳得而复失；东魏没斩杀多少敌人，却损失了高敖曹、李猛、宋显等，还有上万兵士被逼得跳河而亡，高敖曹那支军队更是"一军皆没"。应该说，这一仗，西魏输得也不难看。

第二个问题：

说实在的，西魏这边其实完全可以扩大战果，但却因几股退军而被迫西返，宇文泰对此还是很遗憾的。不过，他也知道老天不给力，通讯和调度也出了问题，独孤如愿他们在这种情况下选择退军，不失为保存实力的良策，因此，根据实际情况，他提议皇帝下诏恕免他们。

元宝炬对此深以为然。他也抹了把汗——这次东伐时，留守兵士不多，东魏俘虏和一些小百姓便趁机作乱，太子元钦也去了渭北驻防。还好，最终平安无事。

处理完这些事以后，九月间，宇文泰又回到华州屯兵。由于东魏提出了外交诉求，下一个月，西魏将高敖曹、窦泰等人的头颅送还了回去。

两魏的这个举动，释放出一个什么讯号呢？很显然，不仅是西魏，就是财雄势大的东魏，短期内也不想再来一次大战了，大家都需要休养生息，好好整顿内务。

从大统四年八月，到大统六年（540 年）二月，独孤如愿被派往荆州之前，西魏的实力已在举国上下的努力中，不断提升。

首先，宇文泰重用苏绰这个王佐之才，对朝廷的财政、户籍等方面进行了诸多整顿，已见成效。特别是大统元年（535 年）时就颁布的二十四条新制，极为符合当前国情。为了让百姓评议政治得失，他们还在阳武门外常年放置了纸笔，征求意见。

其次，西魏通过战争的手段，争取到了襄州、广州以西的城镇；韦孝宽使用反间计，平定了崤山与渑水地区；东道行台王思政请求在地势险要的玉壁修筑新城，带兵去镇守。

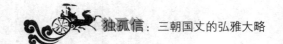

再其次，宇文泰将学堂设置在行台里，对丞郎、府佐中相对出众的人进行再教育，要求他们白天忙公务，晚上上"夜大"。

最后，宇文泰还让周惠达等人对已经散佚或废弃的礼乐制度，加以斟酌取用。

西魏这边各方面都搞得红红火火，东魏这边也是不甘示弱，538 年年底，高澄便做了吏部尚书。既然有用人权了，选拔官吏的事便由他说了算。考虑到北魏末年以来依照年资用人的弊端，他打算废除停年格，命人议定用人的新法。因此，第二年，东魏特别重视对廉吏的褒奖。

东魏这边的喜事也很多，高欢的女儿做了皇后，邺城的新宫也修好了。又是嫁女，又是"乔迁之喜"，高欢笑得嘴都合不拢了。当年十月（有争议），东魏改元为"兴和"。

到了 540 年二月，西魏铸造了不少五铢钱。

同月，东魏大行台侯景从三鸦出发，打算收复荆州。几经辗转，西魏刚拥有对荆州的控制权不久，宇文泰立刻做出决定，派遣独孤如愿和李弼，各带 5000 骑兵，从武关出发，赶去增援。

没有人比独孤如愿更熟悉荆州，这是宇文泰作此决定的主因。侯景也明白这个理，于是不加顽抗，迅速撤离。宇文泰十分高兴，当即传书，任命独孤如愿为大使，就地抚慰三荆。

要说老熟人就是老熟人，做起事情来是如鱼得水。安抚三荆地区，根本不在话下。这一头，独孤如愿发挥专长，认真治理地方，朝中的皇帝却苦恼得很，连苦水都不知向谁吐。

前面提过乙弗皇后削发为尼，让丈夫迎接柔然新人的事。郁久闾氏是个妒妇，不要说皇帝身边的女人，就是已经被她撵去秦州的废后，都是令她嫉妒不已的。

秦州刺史，是废后的儿子武都王元戊。他年纪还小，还没到镇守一方的时候，为了不让郁久闾皇后多疑生事，元宝炬也给元戊封了封地，让废后跟过去同住。

也许是，元宝炬也继承了父亲元愉的痴情种子，他对废后并不能忘怀。郁久闾皇后看出了这一点，便向娘家哭哭啼啼。柔然再度决定举兵渡河，向南入侵西魏。民间很快传出皇帝爱美人不爱江山不爱百姓的流言。

怎么办？最简单粗暴却十分管用的方法，便是消除流言的影响。无可奈何，元宝炬忍着心痛，让亲信将他亲写的诏书送给废后。意思很明确，你自尽吧。

废后没多少怨语，死之前还说希望皇上长寿，天下太平的话，又特意给太子留了遗言。

麦积崖上开凿的墓穴，名为寂陵，这就是这个女子最后的归宿。元宝炬很伤心，尽管柔然确实从夏州退军了。太子元钦更伤心，一切遭遇都对他性格的塑造产生了十分重要的影响，西魏之后的命运也与此有一定的关联。

柔然是否真会退兵，还不好说，就算废后不在，他们也只是少了个口实而已，天知道还会不会继续进兵呢？西魏的防御工事还是在继续加强。宇文泰忙名人去沙苑驻守，雍州刺史王罴等人也非常强势。

大约半年左右，郁久闾皇后时常做噩梦，终因难产而死，谥为"悼皇后"，元宝炬终生不再立后，而柔然也正式与西魏交恶。

第五章　侧帽谁解独孤信

时　间：大统六年（540 年）——大统九年（543 年）

皇　帝：西魏文帝元宝炬

年　龄：38—41 岁

关键词：治理陇右，赐名平叛，侧帽风流，初建六军，
　　　　邙山大战

文治胜于武功，赐名为"信"

独孤如愿没有在三荆地区停留太久，大概在大统六年的下半年，他接到了陇右十州大都督、秦州刺史的任命。宇文泰为何不让他在老地盘继续呆下去，这个原因不难明白。

独孤如愿虽然效忠于西魏，坚持不仕梁，但他毕竟打了败仗弃过城，回到长安不仅没被皇帝怪责，反而加了官，这在宇文泰看来，分明是元宝炬在有意袒护。试想，如果让独孤如愿在老地盘发展下去，将来万一他拥兵独大怎么办？

是的，在宇文泰看来，独孤如愿完全有那个实力。他不会忘记，独孤如愿入洛时，"颍、豫、襄、广、陈留之地，并相继款附"，郑伟、刘志、赵肃、韩雄、陈忻、魏玄等豪强都屁颠屁颠地跑去归附他。而且，当时独孤如愿在洛阳大修宫室的做法也很

可疑，如果旧都真的修好了，独孤如愿有没有可能会趁着元宝炬拜祭园陵的机会，将自己的关系网，网到皇帝的头上呢？

对此，宇文泰细思极恐。这就不难解释，为何他会在大统四年，趁着西魏再度失去洛阳的机会，将除柳虬等人之外的归附者，都分散至他处，比如，刘志被授为大丞相府墨曹参军；被独孤如愿赞为"洛阳遗彦"的裴诹之，先被元轨召为中从事，后被宇文泰任命为大行台仓曹郎中。

大统三年时，洛阳荒败至极，独孤如愿将本在阳城的柳虬，本在颍川的裴诹之，分别征召为行台郎中、都督府属，并掌文翰。时人评说这是"北府裴诹之，南省柳虬"。柳虬很有本事，也十分敬业。到了大统四年时，柳虬入朝奏事。对于宇文泰想留他任职的做法，柳虬却说要为母亲侍奉汤药。看来，此时的柳虬是宁愿不做官，也不想对不起独孤如愿。

宇文泰思来想去，越发觉得独孤如愿再在荆州待下去，很有可能会与西魏东境的赵肃、韩雄、陈忻、魏玄等人形成军事联盟，所以，他必须给这棵大树挪个窝。

作为一个老练的政治家，也作为独孤如愿的老友，宇文泰不希望将来两人关系恶化，而以独孤如愿的头脑，他也不会不明白，宇文泰的双重用心。既然对方要他挪个窝，那便换个窝好了。他也不相信，他离开了荆州便没法发展事业。

古往今来，真正的俊杰，无论身处何地何境都沉得住气，扬得起志。

陇右，是指称陇山以西的地方，是以往丝绸之路的必经之地，和三荆地区相比，一个在西魏以西，一个在西魏东南边，与东魏接壤。

因为秦州属于朝廷后方，民族成分复杂，对于豪强跋扈、风化衰腐的现状，朝廷也有些鞭长莫及的感觉，虽然数易刺史，也没起到多大的作用。

此外，当地官员也十分懦弱昏庸，对于上级下达的政令，基本上是哼哼哈哈，敷衍塞责的情况。何故？其中，有一部分原因，是因为西魏太穷，他们的腰包太空。

最先，北魏官员是没有俸禄的。

作为从马背上起家的民族，战利品便是他们的俸禄。这叫做"班赐"。这个"多劳多得"的理，其实原也无可厚非，然而，几代之后，北魏政权已经稳固下来，进入了相对和平时期，官员上哪儿养活一家上下，乃至跟他混饭的伙计呢？地方的豪强拥有不少荫户，有时候也会拿出一些来资助官员们。说起来，有点可怜。

这人一穷嘛，巧取豪夺、贪污受贿的事，怎么都少不了。反贪这事，不从根源抓起，是不见效的——即便不贪，至少也容易懈怠渎职，缺乏工作动力。

好在，太和八年（484年），孝文帝元宏进行改制，官员们每季都可以拿到俸禄。两魏分裂之后，它们各自的俸禄制度，史料里较为模糊，但是可以反推——东魏和西魏，后来先后被北齐和北周取代，这两国的制度，大多还是承前而来的。

这里只说一下西魏。

后来，西魏第二位皇帝元钦登基之后，官吏俸禄的发放比例，与征赋额相同。由此可以看出，西魏在文帝时期，官员们至

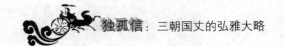

少是有俸禄的，就算前后有些差距，也只是细节上的操作而已。

想想看，西魏本来就穷，俸禄又与征赋挂钩，所以，摆在独孤如愿面前的问题，说穿了就是官员们嫌俸禄微薄，而产生了消极怠工的情绪。既然明白问题的症结，做起事来就比较容易对症下药。从独孤如愿后来的做法看来，他的确是想到了这些。

该做些什么呢？要是先忙着去"修理"那些渎职的下属，很容易招致抵触情绪。他再怎么能干，毕竟不是三头六臂，要想以后这些人为他所用，就得先给他们做思想工作，告诉他们只要肯干活，面包一定有得吃的道理。

有道是，"其身正，不令而行；其身不正，虽令不从"，说得好不如做得好。独孤如愿做通了下属们的思想工作后，开始组织他们一起解决秦州这几年来积压的公事，特别是百姓上诉已久而没被裁定的那些冤情。

于是，百姓看到了一个与以往的秦州刺史都不太一样的官儿，他长得周正帅气，做起事来是雷厉风行，不偏不私。这让他们在短时间内，就对他产生了强烈的好感和认同度。

旧账还清了，接下来，便要兑现让秦州富起来的诺言了。

在农业时代，要让百姓富起来，自然是要劝农课桑了。陇右的地理和经济条件，本来是不差的。

早在秦昭王的时候，便设置了陇西郡，古时所说的三十六郡里，便包括它。汉武帝时，也在这里设置了河西四郡，再次将陇右纳入舆图之中，一直延续到曹魏、西晋时期。再后来，十六国中的前凉、后凉、南凉、西凉、北凉、前秦、后秦、西秦，先后占据了陇右。

因为战乱的原因，陇右流民很多，经济发展十分困难。和先前劝服下属一样，要让他们安心干活，先得提高他们的思想认识。由于百姓们大多没有文化，故此须得从礼仪抓起。

《管子牧民》中说，一个国家有"四维"，这四维分别是礼、义、廉、耻。所谓的"礼不逾节，义不自进，廉不蔽恶，耻不从枉"，意思是说，明礼，就不会越出道德规范；晓义，就能让所思所为符合道德标准；讲廉，就可以遏制欲望和贪念；知耻，就不会和淫邪小人厮混。

要是把国家比喻成大厦，礼、义、廉、耻便是支撑这座大厦的四根柱子，这无疑比大而空的法令来得重要。懂得礼义廉耻，"故不逾节则上位安，不自进则民无巧诈，不蔽恶则行自全，不从枉则邪事不生"。

这都是前辈人的经验之谈，独孤如愿从这里汲取了很多养料。说一次不听，便说两次；两次不听，便说多次。多次之后，百姓接受了这些教化，就真的安心下来，开始搞生产了。

又是耕田，又是养蚕，也就两三年时间，陇右特别是秦州的百姓，便十分富有了。百姓们交得出较高的征赋来了，官员们的腰包自然也就鼓起来了——通过正当手段——这自然是皆大欢喜！

秦州刺史独孤如愿的这套做法，让百姓真心拜服，于是，数万家流离失所的百姓，都拖儿带口地跑来归附。

每户有多少人？在不同的时期和情况下都不同，但至少都是三到五人的规模。以五人来计算，独孤如愿在他38岁之后的一两年内，便为国家争取到了6万人左右，其中也不乏劳动力和兵源。

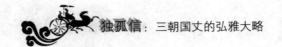

独孤如愿的文治之才，更强于武功，一时间名声大噪，"信著遐迩"，宇文泰因此赐其名为"信"。但这个"信"，并不代表宇文泰对他的态度。

前面说到过柳虬婉拒宇文泰的事。事实证明，柳虬果然只是找了个借口。因为，他为母亲侍奉汤药不久，又跑去给独孤如愿当开府从事中郎了。等到老上级出镇陇右时，他也跟了去。宇文泰能视若无睹吗？当然不能。某次，趁着柳虬入见的机会，留他做了丞相府记室。

不管宇文泰信不信他的老朋友，自从独孤如愿被赐名以后，"如愿"二字已成历史。对于宇文泰挖墙脚的做法，独孤信也很无奈，只能将心思安放在政务上。而在独孤信忙于治理地方时，三国之间大体上相安无事。

大统七年（541 年），东魏和梁的联系依然十分密切，时常派遣使者往返聘问。就在这年前后，宇文泰将自己的庶长女，嫁给了太子。这样一来，宇文家族眼前与往后的利益，按理说又多了一层保障。然而，他却想不到，女儿嫁过去以后，对自己的定义，首先是太子妃——不过，这已是后话了。

稠松岭平叛，加授太子太保

为了继续推进政治改革，苏绰裁减了不少冗员，开始实行屯田。屯田有军屯和民屯之分，前者尤为重要，它可以为边防部队提供给养。说起来，两魏之间，虽有汾州与晋州那样，民间通好的情势，但大家都知道，两魏之间是迟早还要再战的。

皇帝元宝炬也同意推行苏绰所提出的六条诏书。

在九月间，独孤信见到了推行六条诏书的公文。"一曰清心，二曰敦教化，三曰尽地利，四曰擢贤良，五曰恤狱讼，六曰均赋役"，这几条纲领意思很浅显易懂，无需解释。不过，宇文泰不但自己把这个作为座右铭，还下令让上下官员反复阅读，烂熟于心，如有不从此令者，一边凉快去！

这听起来似乎有些可笑，熟记诏书内容果然对治国有效吗？

记得，明太祖朱元璋曾经四度编修《大诰》，强令百姓学习，甚至还将之列为科举考试的必学科目之一。这部刑典，可谓是案例生动，"老少咸宜"，没人看不懂，虽说在他驾崩以后，这做法也被抛到九霄云外去了，但不可否认的是，在明初需要"乱世用重典"的时期，《大诰》是起到过震慑作用的。

六条诏书的全文大约 4000 来字，对于有些官员来说，背起来不是那么容易的，但其精神真的被全部吸纳之后，必然会由下至上地，对西魏在政治、经济、文化等各方面的改革措施，起到一些推动作用。

如今，学术界都普遍认为，实施六条诏书之后，西魏便迅速转弱为强，继而为北周统一北方和隋朝统一全中国创造了条件。

西魏的改革搞得如火如荼，东魏那头，高澄也敲定了用人的新法，因为他们是在麟趾阁议定此法的，所以便名之为《麟趾格》。

在西魏推行六条诏书的下一月，东魏正式颁行此法。这套法律，也不仅仅只是有关用人思想的，在后世也获得了较高的评

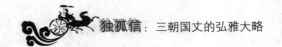

价。因为，它是《北齐律》的蓝本，也是隋唐律法的源头。

看来，两魏都在治理内政方面下了不少的功夫，但有的时候，所谓的差距是在细节之上。西魏的六条诏书，就有取名和推广实施上的两个细节，值得注意。

500多年前，汉武帝颁发给十三州刺史，用来规束他们职权的诏书，便叫做"六条诏书"。西魏所发的这个与之同名，自然是有仰止前贤的意思在里面。

在推广和实施上，独孤信作为一方刺史，为此特意开设学校，由他选拔上来的中下级官吏，都要认真学习诏书里的内容。当然，像他这样做的同级官员也不少，因为，这是宇文泰的要求。

作为陇右十州大都督、秦州刺史，独孤信在文治之外，也会不时承担外出作战的职责。大统七年（541年）时，梁仚定反魏，独孤信奉旨镇压反军。

在出征之前，独孤信将有关梁仚定的情况，都捋了一遍。此人是宕昌国的现任国主。在东晋十六国末期，羌人梁勤建国。因为宕昌国国土面积小，人口也少，到了北魏太武帝时，便归附了北魏。

和大多数附属国一样，它们跟宗主国的关系时亲时疏，主要还是看在位者的决策。梁仚定是第十三代国主，他早已不满于附属地位，曾在北魏末年兴兵犯境。到了西魏时，宇文泰派出赵贵等人，攻破宕昌国。

骇于西魏比东魏不足比宕昌国有余的实力，梁仚定只能俯首请罪。西魏将他封为抚军将军，又在大统四年时，授予他南洮州

（后改岷州）刺史、要安蕃王的职衔。

不过才过了三年，梁仚定便再次燃起战火，举兵造反。独孤信捏紧了拳头，准备给梁仚定一点颜色看看。哪里想到，这次他没能和对方直接交手。这是因为，独孤信还没赶到那里，对方阵营里已经起了内乱，梁仚定便被他的部下给宰了。

但是，这不代表独孤信就可以撤军回家了。

梁仚定虽然死了，他的残军却被其后人收编为一股不可小视的力量。独孤信打探到他们在万年屯兵，便准备从三交口攻入。对方抱着拼个鱼死网破的劲头，又占着地利的便宜，若强攻则胜亦惨胜。于是，为减少损失独孤信通过审问俘虏的办法，打听到了一条隐秘的小道，可以快速进击稠松岭——这个稠松岭，是万年的门户。

多年征战沙场的经验告诉独孤信，只要攻入叛军的门户，万年自然就容易拿下了。

叛军显然没想到，独孤信还有这一招，再加上，他又刻意制造出草木皆兵风声鹤唳的情状，搞得对方以为西魏大军压境。心一慌，军阵便全乱了。

叛军们狼狈不已，纷纷作鸟兽散。独孤信乘胜直追，一路追到万年城之下。部分叛军逃得不够快，已经被擒住了。望着城下气势逼人的西魏主将，终于，他们决心投降。

只要从今往后老实规矩，至少还能保住老窝不被端了去！

独孤信让快马将战报报回朝廷。这时，宇文泰打算招怀众多民族，便表现出宽宏的气度，不仅赦了叛军们的罪，还将梁仚定的弟弟梁弥定册为宕昌王。

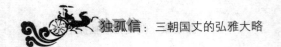

就这样，宕昌国保住了，终西魏一朝，也没敢再跟宗主国闹脾气。直到北周武帝天和元年（566 年）时，才被攻灭。

因为独孤信在平叛中的出色表现，皇帝特意为他加授太子太保。这个太子太保，和太子太师、太子太傅一样，理论上是负责太子安全、教授文武的官职，但是在很多情况下，是一个荣誉称号。不过，这个荣誉称号的品级可不低，是从正一品，仅次于太师、太傅、太保这三公。

这一年，独孤信 39 岁，将近不惑之年，也越活越明白，自己的人生追求是什么。他在陇右已经呆了一年，眼见积压的公事越来越少，以往的冤情也都得到澄清，他满意地笑了。

劝农课桑的工作，即将展开，而他也得知，宇文泰准备进行军事制度的改革。这事，与西魏的每一个人，特别是武将们有莫大的关系。

作为西魏的实权统治者，宇文泰准备在军事上进行改革，无疑是很适合当前国情的，也许他自己都没想到，此举对后世的影响有多深远！

兵制古已有之，并日渐完善，因时而变。

夏朝时，由夏王独掌一国的军政大权，其下设置六个主政官员，在战时充任统军将领；商朝时，开始出现了以"师"为编制单位，以车兵和徒卒位主的军队；西周时，特别重视中央常备军的发展，"礼乐征伐自天子出"；春秋战国时期，"礼乐征伐自诸侯出"，兵种又增设了步兵、骑兵和水兵等，文武也开始真正分职。

秦汉时，军队主要分为中央军、地方军和边防军三类，募兵的主要方式是征兵制，春秋时的吴起以招募形式组建军队，秦二世时以罪人为兵的谪发制，都不是主流。

罢去郡国兵后，募兵制在东汉光武帝时，基本取代了征兵制，然而，弊端逐渐暴露出来——由于州郡乃至豪强可以自行募军，私建武装后，到国危之时，便会形成割据之势。

需要说明的是，宋朝时所实行的募兵制，主要招募流民、无赖，这能起到充实军队和稳定社会的目的，不可一概而论。

到了魏晋南北朝时，长期的分裂状态，导致兵制复杂多变，各有特色。比如，都督制、世兵制、兵户制。

都督制，是让州牧、刺史，同时都督一州或数州的军事。从以往经验看来，这样做虽然能起到及时镇压反动势力的作用，但这些人也会因为独掌了地方军、民、财政大权，而权欲膨胀，形成强大的割据势力，尾大不掉。

世兵制，在募兵制上有所发展，将招募来的部曲正式升为政府军，并把其家属编籍为"士家"。这样做，虽然可以保证职业兵的数量，不至于让国家陷入无兵可用的尴尬境地，但是世兵往往地位低下，文化素质差，在关键时候很容易掉链子。因此，南朝都渐渐将这种兵制弃之不用。

汉人政权，主要采用了这两种制度，而北魏在吸收这些兵制的优点时，还采用了一种部族兵制——兵户制。他们没有忘记，他们以部族为联盟的历史。然而，因为待遇问题，六镇起义的兵户们奋起抗争，最终拱翻了北魏的半边天，这又是过去的统治者们始料未及的。

正因如此，宇文泰不满足于一味采用北魏遗留下来的兵制。

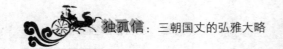

他打算一方面保留鲜卑族的特点，一方面渗入汉兵制，创设一种符合西魏的部族兵制。

这种兵制，被称为"府兵制"，因府兵的基层组织泛称军府而得名，正式创设于大统十六年（550年），在大统八年（542年）时具备雏形。北周、隋、唐初期一直沿用，极盛于唐太宗时，前后历时约200年。

兵农合一，是府兵制的精髓所在。西魏人口不多，也没有太多的钱来供养职业兵，这种日常耕种、农闲训练、战时打仗的方式，是非常符合西魏国情的。那么，府兵主要由谁负责训练作战呢？答案是刺史。

与府兵制配套的是，八大柱国。除了为首的两个，每个柱国下各督两个大将军，十二大将军各督两个开府，每个开府又各领一军。府兵的系统，不难理清。值得注意的是，在此制度下，府兵将领一一地被豪族化了，过去一般豪族所有的土地、部曲，他们都有。这无疑有助于关陇集团势力的巩固。

然而，在此时府兵制还属一种构想，宇文泰在大统八年正月间，试探着迈出了第一步——把本籍于关中的，和流入关中的六镇军人，编成六军，自己担任全军统帅。因此，八柱国、十二大将军、二十四开府的组织，要在八年后才确立。

【注】关于《六条诏书》的推行时间，《周书》《北史》与《资治通鉴》的说法都不同，本文取后者。

歪戴帽子，引领秦州时尚

到了这年八月，高欢准备领军挑衅西魏。

这次，他选择从汾、绛二州攻来，气势很大，如果把营垒连结起来，据说长达四十里。这时，王思政奉命镇守玉壁，他的任务是要阻断高欢的进势。

王思政面对高欢的招降，软硬不吃。最终，高欢围攻玉壁不果，老天也很不给面子地降下大雪来，大量士兵因饥寒而死，高欢不得不撤围。

这回，太子元钦被派去镇守蒲坂，只是没有遇上高欢。而宇文泰在皂荚得知高欢撤军的消息后，也没来得及去追击。不过，西魏此次又叫东魏吃了瘪，朝廷上下听了这战报，都是喜气洋洋的。到了年底，皇帝在华阴狩猎时，便特意大张酒宴犒劳将士。

对于宇文泰来说，今年还有一件大喜事——他入关后所娶的正室冯翊公主，生下了嫡子宇文觉。在此之前，他已有两个儿子，分别是宇文毓和宇文震。之后，他还将有宇文邕、宇文宪等十个儿子。

虎父无犬子，宇文泰的后代，大多比较有才干。几乎可以确认的是，高氏最终输给宇文氏，主要原因不是宇文泰在军事能力上强于高欢，而是高欢的后人虽有一些能人，但综合看来，后代们的素质逊色于老对手。

值得一提的是，宇文泰的庶长子宇文毓。

　　宇文毓生于永熙三年（534 年），母亲为姚夫人。很有可能，姚夫人是宇文泰的原配，因为冯翊公主的缘故，后来屈居妾位。而太子妃身为庶女，却能嫁给太子，除了他二人两小无猜的原因之外，也应该是因为，她是宇文毓的同胞姐姐，原本该是嫡长女。

　　其实，宇文泰是个比较重感情的人，他该怎样安抚这个九岁的庶长子呢？北朝向来早婚，未来亲家是谁，他早已有了答案。

　　独孤信归国后，娶了郭氏。郭氏已经为他生下了长女，无论是出于个人感情还是政治联姻的考虑，这个女孩都是宇文泰长媳的第一考虑。当然，宇文泰要考虑的事还有很多，比如：在建立六军后，他又怎样进一步进行兵制改革。

　　由于府兵制才具备雏形，当独孤信担任秦州刺史时，他便没有负责训练府兵的任务。等到他荣升为八柱国中的一员时，需要他直接管辖的，是从属于他的两个大将军。

　　独孤信日常的工作很忙碌，打猎便成了最好的调剂方式。爱打猎的人很多，但像独孤信这样打得全城轰动的，可就不多了。这当然不是说他打猎打得百姓鸡犬不宁，而是说，他打出了风格，打出了气场！

　　古时候的百姓，也是很爱赶流行的。大统八年前后，秦州上下，流行着一种新的着装风格，那便是歪戴帽子。

　　俗语说，"歪戴帽子斜穿衣，长大不是好东西"，这话说得很溜，似乎也是很有道理的。不过，秦州的百姓肯定不这么觉得。因为，他们学习的榜样，是他们最崇敬的刺史独孤信！

　　猎场上，还氤氲着没有散尽的寒气，但对于动物们来说，这样的天气已经很不错了，至少它们不用蜷缩在冷硬阴湿的洞穴中。虽然，它们因为贪恋日光，可能会离危险更近一步。

突然间，不远处响起了飞蹄声，它们惊慌起来，急忙互相示警，拼命逃窜。可是，这已经晚了。年少时便任侠好勇，充满尚武精神的独孤信，怎么可能放过这些猎物呢？

独孤信的兴致很高，猎物左一只右一只地挂在马背上，他却还意犹未尽。下属不断地提醒他，他才想起再不返程，只怕城门要关了！于是，一行人逶迤而去，奔向城门。

白日西向，天已薄暮。独孤信有些着急，便驰马在前，勒紧缰绳。他没注意到，他头上的胡帽已被迎面的风吹斜了几分。这时的他，正以一个前所未有的绝世之姿，出现在城门之前。

什么样的人，配得上"绝世之姿"这几个字？还是拿"掷果盈车"和"看杀卫玠"这两个事例来说吧。

西晋文学家潘岳，年少时曾带着弹弓，坐车经过洛阳大街，女性朋友们见到他都发了狂，纷纷向他投去水果，有的还手拉手将他围起来，愣不让他走，这疯狂程度比起今天明星的粉丝来也不遑多让啊。

同时代的著名文学家左思，也有意效仿潘岳，没想到却遭来一大串唾沫星子。为什么？这只是因为左思长得比较抱歉。怎么说好呢？这真的叫做"没有对比，就没有伤害"！

如果说"掷果盈车"是喜剧，"看杀卫玠"就是悲剧了！

出生稍晚于潘岳的玄学家卫玠从小便长得珠玉般貌美，名声远扬。但卫玠的身体一直比较差。西晋末年，天下大乱，卫玠渡江避乱。百姓听说这么个帅哥将从豫章郡来到建邺（今南京）

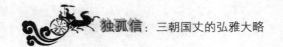

时，便蜂拥而上，挤成了人墙。不久后，卫玠过世。

秦州的百姓，这时见到独孤信，就好比那些花痴女郎见到潘岳，好奇人士见到卫玠一样，全都呆了！今人老说帅呆了帅呆了，这个词拿来形容秦州百姓的心情，应该刚刚合适。

歪戴帽子的样子，看起来是十分张扬不羁，别有一番风流态度。一直以来，他们眼里的长官本来是这样的：他下车伊始便处理积压的卷宗，秉以公心，毫不徇私，豪强畏惧其严刑峻法，再也不敢造次；他还对他们予以礼乐教化，督促他们勤于农桑。这两年下来，邻地的流民都接二连三地举家投附，秦州所辖的户数都遽然增加！

这时候，独孤信已是年近40岁的中年男子了，不同于潘岳年少岁时的青葱，与卫玠20余岁的娇弱，他的这种美，是健硕英朗的，从头至尾散发着阳刚之气。

独孤信策马飞驰进城，却不知他的狂野风流，已震惊了世人。

著名诗人卞之琳在《断章》中写道："你站在桥上看风景，看风景的人在楼上看你。明月装饰了你的窗子，你装饰了别人的梦。"这是一首使用了电影蒙太奇手法的诗，看风景的人向往美好事物，却又"多情总被无情恼"，怅惘得很。

秦州老百姓的梦，也被独孤信装饰了，他们惊叹、倾慕，于是便决心效法他歪戴帽子的样子，纷纷向男神看齐。久而久之，几乎全城的老百姓，都开始歪戴帽子了。不跟风的人，会显得特别的 low！

只能说，男神就是男神！

再久而久之，独孤信这桩"侧帽风流"的典故，也被后世时常念记着。在现存的古代诗词中，随处可见对这则典故加以引用的例子，就连北宋的富贵宰相晏殊，都吟唱过"侧帽风前花满路"；就连清朝时的出色词人纳兰容若，都曾给词集定名为"侧帽集"。

对于独孤信的魅力，真是不得不服气！

一个人的生命是有限的，但是他的魅力却可以穿越时空，不受任何阻隔！不过，有一点应该明确的是，如果独孤信不是一个在历史上得到过极高评价的人，他的风流佳话也不会流传得这样久远！

西魏的国力是三国中最弱小的，但他们在军事上的优秀表现，会使他们确信他们终有一天能由弱变强，一扫四合，成为逐鹿乱世的最终胜利者。

只是，在这个最终胜利到来之前，他们会摔一个大跟头。

大统九年（543 年），东魏那头一开年就大赦天下，改年号为"武定"。顾名思义，高欢在多次军事失利的情况下，"以武定天下"的念头更加强烈了。

要点燃一桶火药，事先差不多都有一条导火索。

"两魏五战"中的邙山之战，即将被点燃，这条导火索，是一个女人。前面说过，官二代高澄已经是东魏的吏部尚书，年轻有为，但他有个突出的缺点，就是极好女色，其庶母郑大车，都曾被他染指，好在他得到重臣司马子如的帮助，才没被他爹给废了。

不久之后，高澄又对高慎的妻子李氏产生了"性"趣。李

氏，名昌仪，是高慎（字仲密）休掉了前妻崔暹的妹妹后，娶的新夫人。美丽出众，文武兼备。好色的高澄一见到李氏，不禁拉拉扯扯，百般挑逗。高慎眼见娇妻受辱，自己又被外调为北豫州刺史，一怒之下干脆把虎牢送给西魏，投降来了。

必须注意的是，高慎本与西魏有血海深仇。他是渤海高氏的后人，大哥高乾被孝武帝赐死，三弟高敖曹在河桥之战中丢了命。杀他的是个无名小卒，还得到了重赏一万匹绢的赏格——不过，西魏太穷，这赏格只能分期付款。

所以，高慎就算自己心里不膈应，来到西魏也不会太受重视。这是必然的。然而，冲动是魔鬼，有血性的男人冲动起来，便近乎魔头了。

高慎总觉得，高澄调戏他夫人，也有重用崔暹的原因，所以，他不得不走！在他走之前，也没忘了给四弟高季式打个招呼。哪知，高季式却并不赞同哥哥的这个做法，马上把这事报奏上去。

那一头，宇文泰收到消息，大喜过望——虎牢作为"河南四镇"之一，西魏若能据有这块战略要地，便可凭此去争夺山东和河北。

邙山之战，西魏的噩梦

出于战略考虑，宇文泰立刻加封高慎为侍中、司徒，不仅亲自前去策应他，还派太子少师李远作为先锋前往洛阳。

宇文泰很快包围了河桥南城。高欢由于及时得到情报，反应也很迅捷，竟将兵十万，准备从黄河北岸渡河。宇文泰忙放出火船，打算烧毁对方的河桥，但高欢手下的大将斛律金，却想出了用钉子钉火船，再用铁链拉船的对策。

因此，高欢渡河成功，立刻依仗着邙山的有利地势，陈兵于前。

双方都多日没有动静。根据小关、沙苑、河桥三战的经验，他们谁都不敢再轻易冒进，但大战的架势已经拉开了。

这场战役，独孤信也参与了。

当他根据调派，从驻地赶往邙山时，两魏间已展开了第一回合的较量。

原来，宇文泰准备偷袭高欢，在三月十八日黎明时分，对其展开攻势。高欢占了情报的便宜，已经做好了充分准备。一方面，他自领中军；另一方面，上回被西魏小卒捅得漏了肠子的彭乐，负责迂回包抄敌方。

大概是想报那一捅之仇吧，彭乐冒着被误会叛敌的风险，率领几千骑兵作为右翼，直击西魏军北面，最后俘虏了西魏五位亲王和四十八位将领。高欢高兴得合不拢嘴，灵机一动，便把俘虏们架到两军阵前大加羞辱。

如果说，西魏先前还是个充好了气的大气球，这时已被高欢戳得到处漏气了。宇文泰再有能耐，也没法及时鼓振士气。

机不可失，失不再来！高欢鸣鼓进击，趁势灭了宇文泰的三万兵马。宇文泰刚刚组建六军不久，哪里能想到遭遇这样惨重的损失呢？于是，惊怒之下，夺路狂奔。

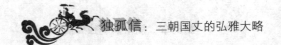

光杆司令，按理说是劫数难逃的。就算没得到高欢的授命，依照彭乐的性格，也会快马追击宇文泰的。只是，高欢绝对没想到，这次他做出了一个错误的决定。

因为，彭乐的武力值虽然一直在线，可智商却没及时上线！

宇文泰逃得狼狈，但脑子却转得很快，一边跑一边对彭乐说一些"鸟尽弓藏"的道理。彭乐虽然是大老粗，但也未必相信，宇文泰是鸟他自己是弓，否则他也不会回头照实跟高欢说了。

宇文泰便继续忽悠，跟他讲，人嘛还是顾着眼前利益才好。这个眼前利益，说的是宇文泰仓促间不及带走的金银宝物。

想想也对，自己拼死拼活的当头，没准就便宜了后方不作为的小人物了。不划算！彭乐这么一想，便放弃对宇文泰的追赶，立刻掉头去抢战果了。

可惜！如果彭乐的智商上线了，他将建立的是生擒西魏灵魂人物的不世之功。这么一来，西魏很有可能一蹶不振，东魏本来势大，趁此一统两魏也很有可能。

所以啊，高欢听闻此讯，被气得一佛出世，二佛升天，先是搋着他一阵猛磕，再是把三千匹绢压在他身上。300多斤重的东西，以这种方式赐给了他，这样的"奖赏"也够特别。

擅长忽悠的宇文泰，在第二天得到了一个雪耻的机会。

这一次，他亲自率领左军，赵贵和若干惠则分别负责左右两军。宇文泰料定高欢想不到，他输得这么惨，竟敢马上发动猛攻。

果然，东魏这头被打懵了。高欢在几名随从的簇拥下，重复了昨天宇文泰的命运。很神奇，二人的霉运程度和走运程度，都是可以互相"媲美"的。

负责追击高欢，痛打落水狗的是贺拔胜。

毫无疑问的是，贺拔胜是个聪明人，就算高欢巧舌如簧，也不会上彭乐那样的当。然而，贺拔胜的长槊都快刺中高欢了，坐骑却不幸被高欢的外甥段韶射中，等他起身预备再刺时，那人已跑得没影了。

名将贺拔胜，就这样错失了擒杀东魏灵魂人物的机会。这一刻，不知他和彭乐，谁更遗憾，但可以肯定的是，第二年贺拔胜在临死前，会更后悔他竟失了临门那一脚。

高欢被抢回一条命，即刻展开反攻。

先前九死一生，好不惊险，也好不跌份。高欢这时心里憋着火，抱着"能杀一双，绝不杀一个"的原则，指挥主力拼杀上去。

这骇人的气势，杀气凛冽，迅速冲散了西魏军的阵势。吃不了这眼前亏，残兵败勇们都纷纷作鸟兽散。那么，在此战中，西魏是否败局已定呢？

不然。有一种计谋，叫做"诈降"。

残兵和降兵，还是有区别的，但高欢一时之间被胜利冲昏了头脑，却没看出来。想来，赵贵已悄悄收集了残兵，再刻意摆出一副军容不整的样子，打了白旗。

看着乱糟糟扔了一地的兵器，高欢也很不屑，用鼻孔望了他一眼，就跑去追宇文泰了。他哪能想到，在下一刻，那些"降兵"就会立马捡起兵器，朝他猛扑过来呢？

其实，高欢军容被搅乱的原因，还有一个。

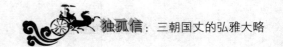
原来，先前西魏军寡不敌众，独孤信也苦无良策，索性也夹在残兵败勇中间一起逃了。可不同于大多数将领的是，他的"逃"是有目的的。一边逃，一边收集散卒，这才是他的目的。

那么，什么时候发动散卒，去进攻东魏的追兵呢？这机会得等。

终于等到了！赵贵以"降将"身份，欲杀高欢一个措手不及的时候，便是独孤信进击之时。两支队伍戮力同心，追缴敌军的人多起来，打起来才有底气——他们自然不能打垮高欢，但却可以扰乱其军阵，帮助宇文泰安全撤离。

宇文泰，不能死。

选择袭扰高欢的方式，也很有讲究。如果直扑后背，东魏军首不会受到太多干扰，照样可以快速追击宇文泰。所以，独孤信二人略加商量，便选择了从侧面猛攻的方式。

事实证明，他们做对了。

高欢一见"降将"赵贵，便火从心起；再一看当先杀来的独孤信，更是火大。他们这一左一右的是要作甚？烤夹心面包？笑话！高欢决定，必须得给以颜色，打得他们满地找牙。

由于高欢要分出精力对付独孤信和赵贵，追击宇文泰的步伐也慢下许多。转眼间，宇文泰就退逃至渭河上游了。虽然败相难看，好歹青山留住了。

而独孤信二人也深知，凭自己这点儿兵马，不能与高欢硬碰硬，眼下见目的已达成，也不恋战，趁着高欢还在跺脚跳骂，赶紧率众撤兵了。

高欢这才明白，先前独孤信两人不过是来牵制他的，他们从来就没想过，要杀多少敌人，要立多少战功。倘若他不理睬他们，也不至于错失追击宇文泰的机会。

悔！悔！悔！

该怎么挽回损失呢？宇文泰靠住了青山喘气休养，高欢却没理由给他砍柴点火的机会，追，当然得追！这一追便追到了陕州。高欢见将士们实在太过疲累，便命他们稍事休息。

人都不是铁打的，累到这种程度，除了行台郎中封子绘等人极力赞同追击之举以外，多数人都表示反对。反对的人，多是武将，这战还能怎么打？

胡三省评价此战时，说宇文泰固然是惨败，但高欢却也只是惨胜，在元气大损的情况下，不追穷寇是对的。此话自然有理，中唐诗人张籍在《北邙行》中写道，"山头松柏半无主，地下白骨多于土"，这还真不是瞎写。

但我以为，个中内情不止于此。

其实，对于武将们来说，浴血沙场已成习惯，对方本来伤亡惨重，几乎成了强弩之末，他们怎么会不明白，他们如果能咬紧牙关冲杀一次，完全有可能建立赫赫战功。

问题的症结就在这里。

试问，你是愿意一生只吃一回豪华大餐，还是每天都有小菜小酒？相信大多数人会选择后者。所以，不希望宇文泰死的人，不仅是独孤信，不仅是彭乐，更是东魏的广大将士。

唐朝武则天当政时，来俊臣之所以要捏造罪状陷人死地，便是因为他从来没忘了，他是以酷吏的身份获得恩宠的，如果天下太平无事，他又怎么讨生活？于是，他选择"冷酷到底"。

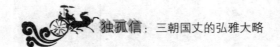

同理，东魏将士再没心眼，都明白一个道理——要想继续谋生，就得让宇文泰变成打不死的小强。梁毕竟实力雄厚，东魏不会无缘无故和它对着干，那么，唯有"不被打死"的宇文泰才是他们的长期饭票。什么叫做"养寇"？大家都心照不宣。

高欢不一定不知道他们的小心思，但在这种情形下，赶鸭子上架是不明智的。前秦的苻坚，当年是因何而败的，他可记得再清楚不过。

于是，他最后做出了一个决定——让大将刘丰率领千人部队，去追缴敌军，自己则率领主力，回返东魏去了。刘丰很快带回了消息。他在恒农中了王思政的空城计，灰头土面地回来了。高欢也没脾气了，不是将领不得力，而是对方太狡猾。

此处细节暂且不表，只提醒一句，王思政不是第一个搞空城计的，但诸葛亮那玄得不能再玄的空城计，却是子虚乌有的事。

回说西魏这头，如果不是独孤信和赵贵，想出办法袭扰了东魏军，西魏还会输得更惨，更彻底。检点一下败绩，督将损失了四百余人，军士也被俘斩了六万人左右。

面对此情此景，宇文泰和独孤信该有着同样的心情。

六军啊，宇文泰日夜忧劳，才组建好的六军，竟然就在邙山之前，灰飞烟灭了！他没记错，宇文泰是在去年正月间，把本籍于关中的，和流入关中的六镇军人，编成六军的。

从开始到结束，不过一年时间而已。

对于独孤信的全力相助，宇文泰是看在眼里记在心里的，只是这次他输得这么惨，必须得自请降职，方能服众。元宝炬自然不能答应——自己的斤两，他摸得清；权臣的分量，他更是心知肚明。

　　西魏惨败后，想恢复元气，还得先把军队组建起来。独孤信对这点认识很清楚。没多久，果然听闻宇文泰下令，招募关陇地区豪门大族的子弟。

　　去年，宇文泰收编了六镇军人，有安稳人心的目的，这次也是一样。只有让关陇豪族彻底融入军队，增强韩人们对这个鲜卑政权的认同度，才能让西魏在遭受重创后迅速崛起。

　　到了四月间，独孤信接受了一个任命。

　　原来，清水郡的氐族酋长李鼠仁叛乱了。这个清水郡，是在北魏文成帝和平五年（464 年）所建的，隶属于秦州辖所。作为秦州刺史，独孤信自然是平乱大将的首选。可惜，无论是独孤信所派遣的部队，还是宇文泰另派的大将，都没能拿下这个李鼠仁。

　　宇文泰没招了，便将典签（承南朝宋齐旧制，典掌机要）赵昶派去劝降。本来也不抱太大希望，没想到这次，赵昶一边陈以利害，一边恩威并施，竟然说服了对方。

　　分析先前官军平乱的败因，除了李鼠仁早有筹谋，占据了要地，鼓动了各位酋长以外，主要还是因为，西魏兵力在邙山大战中受到过重的损失。

　　这一战，可以说是西魏的噩梦——但只要是梦，迟早还是会醒的！

第六章　分破君愁柱国安

时　间：大统十年（544年）——大统十四年（548年）

皇　帝：西魏文帝元宝炬

年　龄：42—46岁

关键词：凉州平乱，玉璧之战，挑拨离间，转镇河阳，

　　　　八大柱国，府兵制度

勇擒宇文仲和，拜大司马

在邙山一战中，惨胜的东魏和惨败的西魏，都没脾气再组织一次大战，自然要将主要精力放在内政上。简单说来，一个是整肃吏治，一个是继续增补兵力。

第二年，是 544 年，东魏的武定二年，西魏的大统十年。

东魏这一头，高澄从三月起，便捋起袖管来，开始收拾蠹虫了。无论是为了高氏家族的眼前利益，还是为了高澄以后能顺利接掌大权，号为"四贵"的孙腾、司马子如、高岳、高隆之等人，都被高澄挨个收拾了一遍。

"我儿也大了，脾气不太好。诸公多担待些吧！"这是老谋深算的高欢，挂在嘴边的一句话，可想而知，高澄让御史中尉崔暹等人，帮他抡棍子打蠹虫，是得到老爸支持的。

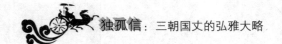

不过，在十月前后，包括四贵和咸阳王元坦等人，差不多都被重新起用了。这无疑释放出了一个讯号——高澄从没想他们往死里整，他的主要目的还是树立自己的威信。

不仅如此，高澄还将心腹崔季舒提升为黄门侍郎，安插在孝静帝身边，为他做好监管工作。孝静帝受了多大的窝囊气，容后再表。

独孤信在大统十年的记录，史料中是阙载的，但根据 546 年（两年后）的记载，不难想知，他是回到了任上，继续做他的陇右大都督、秦州刺史。

然而，五月间发生的一件事会对独孤信有较大的影响。

前面说过，两魏都认为自己是魏之正统，此间官员将士们朝秦暮楚的情况，便更是寻常了。于是，一般情况下，高欢并没打算为难他的政治囚徒们。可是，有一家子人，不在这个范围内。

贺拔胜的几个儿子，都被扣押在东魏。高欢在邙山之战中，险些被贺拔胜刺死，他自然是又气又恨。为了泄愤，几个孩子，就此成了刀下亡魂。

贺拔胜也因心疼儿子而生出气疾，很快不治而亡。有人说贺拔胜心硬，他的死党兼老下属独孤信也一样，可有多少男儿眼泪，是被埋藏于家国情怀之下，不为人知的！

如果他们都是善于钻营，一心于险中求富贵的人，何不留在梁，何不投奔东魏？他们也曾觅寻，也曾彷徨，而最终的信念都是坚定的。

临死前，贺拔胜手书一封，交给宇文泰："胜万里杖策，归身阙庭，冀望与公扫除逋寇。不幸殒毙，微志不申。愿公内先协和，顺时而动。若死而有知，犹望魂飞贼庭，以报恩遇耳。"

贺拔胜死后被追赠为定州刺史、太宰、录尚书事，谥号"贞献"。因其无子，其弟贺拔岳之子贺拔仲华，过继成为嗣子。到了北周明帝二年（558 年）时，明帝将贺拔胜的灵位，置于宇文泰的宗庙中，也算是对贺拔胜亡魂的告慰。

相对来说，眼下独孤罗好歹还健在，自然比贺拔胜的儿子们要幸运得多，但在未来，独孤信却没有升祔太庙的机会，这不得不让人感慨一声，人世无常。

少相友善的至交，是从何时开始有了隔阂的呢？如前所述，矛盾的起源其实很早，但矛盾的升级，却是在这两三年内。大约在大统十三年前，独孤信有了一个举动。

他说，自己供职于陇右已经很长一段时间了，不如还朝为官。不论是出于试探，还是对友情的维系，独孤信此举都是明智的。毕竟，贺拔胜死后，独孤信已是原荆州派系最德高望重的人了，尽管这个派系差不多都被宇文泰打散了。

对于独孤信的申请，宇文泰却没批准，此举或者是因为体会到了对方的试探之意，或者是想强装出自己用人不疑的态度，总之，宇文泰让独孤信留任陇右，不允他还朝。就这样，直至大统十三年，独孤信的任所，才有了变动。

经过一年时间的修整，西魏在大统十一年（545 年）二月，有意与突厥通好，到了六月前后，宇文泰又打算和柔然再度交好，合兵攻打东魏。

自身实力不足，便去拉外援，这个算盘自然是打得不错的。但是，宇文泰没想到，高欢也在极力拉拢柔然，并且，其正妻娄

氏居然肯逊让为妾，让高欢迎娶柔然公主。

有趣的是，这位小郁久闾氏，本是高欢为高澄求娶的，但阿那瓌却坚持要高欢娶她，并且公主的叔叔也称，他要亲眼见到外孙，才返国复命。高欢哪里能想到，老夫少妻一场，给自己落了个天大的麻烦——她比元宝炬的那位还要泼蛮，令他的老心脏有点 hold 不住。

外援没拉到，只得作罢。宇文泰在六月间，还做了一件大事，便是命苏绰写《大诰》。在《大诰》中，苏绰陈说六朝文风之弊，此后，西魏朝内外，写文均是以《大诰》为范本，一时间，词藻繁富的文风大为扭转。

不得不提的是，当两魏都在锐意求治时，梁武帝却拒绝接纳大臣贺琛的谏言，弄得朝臣们唯唯诺诺，只敢挑好听的话来说。这就不难理解，梁为何会在后三国时代中败落下来——即便没有后来的侯景之乱。

西魏大统十二年（546 年）二月，独孤信突然接到任命，要前往凉州平乱。在了解到基本情况后，独孤信和怡峰、史宁一起前赴凉州。

怡峰曾与独孤信有过密切合作。大统三年（537 年）时，和独孤信一起收复洛阳的就有他。根据史载，怡峰最近的一次战役，是在大统九年（543 年）三月，平定了柏谷坞。

史宁和独孤信的关系也十分亲近。当初，史宁跟随贺拔胜南下投梁，寻求政治避难。不久后，独孤信也来了。在异国他乡的相处，足以培养出二人超乎一般的默契。只是，史宁这几年的发展，不如独孤信来得顺利。

其实，史宁这次是必须要去平叛——因为，凉州刺史一职，是宇文泰安排给他的。可是，前任刺史宇文仲和，却不想挪窝，自然就生出了矛盾。

宇文泰的安排，应该不属正常调配，分析其动因，很可能是怀疑宇文仲和据地已久，生出反心。凉州在西魏的北边，距离柔然不太远，如果因为人祸失去控制，后果将不堪设想。

可这事呢，如果从宇文仲和的角度来看，不管他有没有反心，他都是不甘被代替的。

举个例子来说，五代十国时期的李从珂为何会反？其中一个原因，也是因为他身为后唐皇帝李从厚的义兄，备受猜忌，终日惶惶难安。

最要命的是，李从厚要他挪个窝，换个镇去镇守。须知，凤翔是他的根据地，贸然离开此地，等于是断了根。李从珂才没那么傻！幸好，老天也眷顾李从珂，举兵反叛的结果，是取皇帝而代之。

当然，宇文仲和的心思，和李从珂有得比，结局却没法比。虽说，宇文仲和的反心暴露之后，瓜州和所辖的晋昌郡都对他的所为，有了对他有利的反应。

瓜州在西魏西北边上，瓜州人张保杀掉当地刺史成庆，晋昌郡里，吕兴又杀掉了太守郭肆。其所作所为，无疑都是为了响应宇文仲和。

从当前的职衔高低看来，这次平乱的计划，应该主要是独孤信制定的。在奔赴凉州平乱的路上，攻敌的策略也一步步细化下来。史宁先去慰抚凉州的吏民，打心理战。如果宇文仲和还要顽

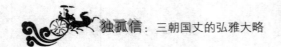

抗，那就不可不战。

史宁恩威并重，把个中利害都说了个遍，凉州的官员百姓都归顺了他，可是宇文仲和宁死不降，死守城中不出。他要蜗居不出，独孤信可就不客气了。

这年五月某夜，按照计划，独孤信派遣将领们衔枚而出，攻打凉州城的东北角。宇文仲和早想到他会夜袭，岂能不有所准备？可他本来是从容迎战的，却没想到，兵法有云，声东击西。

攻打凉州城的东北角便是在"声东"，独孤信本人则亲率精兵，从凉州城的西南角来"击西"。突袭时，官军使用了冲梯。冲梯，是冲车和云梯这两种战具的合称。

厮杀声彻底刺入了暑意正热的凉州城，宇文仲和从酣战中冷醒过来，这才知道今日一战，他败局已定。约莫黎明时分，凉州城已被独孤信拿下，宇文仲和成了瓮中之鳖，被迅速押往魏都长安。与他一道听候裁决的，还有城中的 6000 户军民。

从这个细节中，不难看出，先前史宁劝服的吏民，并不包括凉州城内的。可想而知，宇文仲和敢于死磕，心里还是有几分底气的。只是，他到底还是栽在独孤信的奇谋之下。

《周书》中对独孤信评价为"风度弘雅，有奇谋大略"，《北史》中也保留了这个观点，说他是"美风度，雅有奇谋大略"。意思大同小异，他是个儒将。

儒将，便是说那种既有胆量谋略，又兼备文才武功的大将，三国时的"性度恢廓""雅量高致"的周瑜，堪为其中的佼佼者。

想起周瑜被美称为"周郎"，独孤信也被美称为"独孤郎"，两人还分别留下了"曲有误周郎顾"和"侧帽风流"的掌故，也真算得上是不相伯仲了。只遗憾，周瑜的形象被后世大加抹黑，而独孤信的生前身后，其实也不如常人所想的那般，处处风光。

移守河阳，是因为信任危机

在平叛过程中，值得一提的，还有令狐整的计谋。

当时，瓜州主簿令狐整，受到了张保的挟制。令狐整为了对付张保，便假意依附于他，说，如今独孤信的军队已经迫近凉州，他们如不增派精兵前去，凉州必然势孤无援。张保认为他是诚心归附，便派他领兵出援。

张保当然不知道，他上当了。令狐整真正的目的，是要骗取兵力，回头对付他的！有了兵力，令狐整很快便攻下了晋昌，斩杀了吕兴。张保无奈之下，赶紧放弃瓜州，逃往吐谷浑。

很显然，在令狐整的计划中，最重要的一个环节，就是"骗"。独孤信领兵而来，气势夺人，张保心里也很发虚，这才会因为担心凉州势孤，听信了令狐整的建议。

独孤信回到长安之后，因其所建之功，即刻被拜为大司马。大司马是个什么概念？相当于后世的"天下兵马大元帅"，现代的"武装部队总司令"。

很早以前，大司马便已是掌管武事，负责日常军政的高官了，姜子牙、司马穰苴等人都曾担任此职。秦汉时期，武帝刘彻将其作为加官，赐予大将军卫青、骠骑将军霍去病。有汉一代，大司马大将军有预闻政事，参议决策的权力，算是地位最高的辅

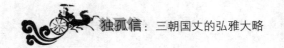

政大臣，霍光就是个中代表。

此前，"三公"是指太师、太傅、太保，或是丞相、太尉、御史大夫，但西汉中晚期却是指的大司马、大司徒、大司空。其中，大司马为三公之首，专掌军事。

东汉光武帝刘秀，将大司马改为太尉，重要性也未曾降低。有意思的是，到了东汉末年时，"三公"的概念，已是指的太尉（非大司马）、司徒、司空这三个虚职，而传统概念的大司马，从中独立出来，并位在其上。

魏蜀吴三国时，大司马一职皆在三公之上，大将军之上，两晋也如此。到了南北朝时，除了南朝陈之外，也因循旧制——这时，"三公"依然是指的太尉、司徒、司空，不过此为虚职，没啥实权。当然，大司马不一样。

北魏至西魏，大司马和大将军共典武事，被合称为"二大"。虽说如此，可西魏的大将军着实不少，常言说"物以稀为贵"，这大将军一多，自然也慢慢变得位崇职轻了。宇文泰已在着手建立与府兵制相配套的武官体系，因此独孤信此时已是除宇文泰以外，专司武职的最高长官。

公允地说，单就武功而言，独孤信不是西魏最为突出的一个——稍后，老友韦孝宽更是一战成名——但他这次立了大功，加上他资格极老，忠心可表，也应得到这种待遇。

不过，宇文泰对独孤信防备已久，按说他也不会在这个时候，放心大胆地让文帝元宝炬予独孤信以高位。根据史载，第二年，东魏有人蓄意挑拨宇文泰和独孤信的关系。试想，如果不是他俩关系已经悄然发生改变，让别人看出了异状，对方的功夫岂不白费？

在对方有的放矢之前，当事人自然有所感受，有所应变。烈火烹油，鲜花着锦之盛，并不会让独孤信骄纵自得，忘乎所以。

有一种看法，认为大司马职衔的授予，是出自于傀儡皇帝的安排。这种看法不无道理，虽说元宝炬难以事事做主，但趁着独孤信建功之时，提出这个建议，宇文泰也不便拒绝。原因再简单不过，多一个与宇文泰相抗衡的人物，他自己也就愈发安全。

元宝炬不是不知道，独孤信当年错失了一个接掌贺拔岳兵力的机会，而宇文泰正是适逢其会地掘到了这桶金，才真正开始"发家致富"的！他不相信，独孤信会没有遗憾。

此外，如果说，独孤信抛弃家小单骑入关时，已表明了他对魏室的忠心，那么他不仕梁，一心北归的举动，落在元宝炬的眼中，则更是一片忠心可昭日月。就算是独孤信选择回国，未必只出于忠心，或者说，这忠心也未必仅仅是向着他，他也得争取独孤信的支持。

这么一想，就不难理解，为什么独孤信在大统三年回国之后，不但没受到惩罚，还很快升了职。试问，除了独孤信，还有谁更有动机，也更有能力，与宇文泰相抗衡？

在权力斗争中，没有永恒的朋友。不管是宇文泰先对劳苦功高的独孤信有了戒心，还是独孤信对魏室更为忠心，又或者是元宝炬的制衡之法收到了成效，总之是，独孤信在拜为大司马前后，触碰到了宇文泰更为意味深长的目光。

这年六月，东魏这头，升任侯景为河南大将军和大行台。从后世看来，这做法是相当不明智的。从后事看来，正是此举改变

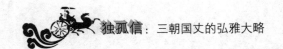

了三国间"东魏最强，梁次之，西魏最弱"的格局。

两魏对峙不到二十年，其中具有规模的五次战役，被合称为"两魏五战"。简单回顾一下战况：小关之战中，西魏胜；沙苑之战中，西魏胜；河桥之战中，各有胜负；邙山之战中，西魏败。

两魏间的最后一次大战，在史上被称为"玉璧之战"。这一战发生当年九月，独孤信不曾参与。战中的主角，是当年与独孤信并称为政坛"连璧"的韦孝宽。韦孝宽在被东魏重重包围的劣势下，与高欢斗智斗勇，使他在两个月内折损了7万人。

高欢黔驴技穷，气怒而病，只能退兵。韦孝宽又忙不迭造谣，说高欢已中箭身亡。军心不稳可是大忌，高欢只得强撑病体召见幕僚，还让斛律金唱《敕勒歌》鼓振士气。

因为韦孝宽的卓越战绩，文帝元宝炬特派专员前去慰问，晋升其为骠骑大将军、开府仪同三司，进封建忠郡公爵。

宇文泰对此自然惊喜过望，他怎么也想不到，与他死磕了小半辈子的高欢，竟会因此而气急生病，堪堪熬过了年底，便不治而亡了！只是，这一次自己居然没参战，不免有些遗憾。

他更不曾料到的是，高欢之死，只是倒下的多米诺骨牌的第一张，后面还有接二连三的惊喜等着他。

第二张跟着倒下的牌，是高澄对侯景的信任——虽说高澄已迅速封锁了消息，但是渤海王高欢的死讯，还是不胫而走，让侯景得知了。侯景曾说过，他只服高欢，不服高澄。

第三张牌倒下的牌，是侯景以割地河南六州的条件，投奔西魏——这当然是好事，不过侯景是个反复无常的小人，宇文泰只给了他虚衔，并不出兵。侯景见状不妙，忙以十三州为条件，转投梁武帝，被封为河南王。

有关梁武帝接纳侯景之因，一是老人家做了个平定中原的美梦，而侯景的降表刚好应了景；二是，陈庆之八年前就过世了，梁缺的就是能打仗的人。

第四张倒下的牌，是宇文泰对独孤信的最后一丝信任——这件事，说来话长。

东魏那头，一边忙着对付梁，一边命魏收（或杜弼）写了《檄梁文》。这檄文不可不谓是文采斐然，主题明确，但细细看来，搞笑的地方也很不少。

"则我皇魏握玄帝之图……恢之以武功，振之以文德，宇内反可封之俗，员首识尧舜之心"，夸自家皇帝自然是有必要的，这可以理解；"故相国、齐献武高王感天壤之惨黩，激云雷以慨然，伏高义而率民，奋大节以成务"，顺便夸夸高欢，其实也没问题。

有夸的，自然就有损的。

梁武帝萧衍是"轻险有素，士操蔑闻，睥睨君亲，自少而长，好乱乐祸"，叛臣侯景是"负恩弃德，罔恤天讨，不义不昵，厚而必颠"，还有，过去的两晋，是"伪"的，所以说，"自伪晋之后，刘萧作慝，擅僭一隅，号令自己"。

这话就很无稽了，如果两晋和南朝都是"伪"的，东魏又哪来的底气，说自己是"正"的呢？总而言之，在他们看来，除了北魏和东魏，别的都是伪的。

接下来，另一个重点来了——当世的伪朝，除了梁，还有西魏。根据《檄梁文》的看法，"黑獭结兄弟之亲，授以名器之尊，

救其重围之死，凭人系援，假人鼻息"，所以，西魏才是最大的伪朝。

还有一个重点也跟着来了。但凡挑拨离间这种事，差不多都要挑关系本来亲近，但有利益冲突，且至少一方缺乏信任感的对象。很可能是出于高澄的授意，他们打算离间宇文泰和独孤信的关系。比如：

加以孤独如愿拥众秦中，治兵劫胁。黑獭北备西拟，内营心腹，救首救尾，疲于奔命。岂暇称兵东指，出师函谷。且秋风扬尘，国有恒防，关河形胜之际，山川襟带之所，猛将精兵，基峙岳立。又宝炬河阴之北，黑獭邙山之走，众无一旅，仅以身归。就其不顾根本，轻怀进趣，斯则一劳永逸，天赞我也。

白话简译一下：独孤信以秦州伪根据地，久在陇右，实在用心可疑。简直就是宇文黑獭的心腹大患嘛！这黑獭其实也懂，所以不敢贸然来帮侯景打咱们。想想也是，当年邙山一败，败得多惨啊，他能不防着点儿嘛他！于是，你伪梁拽什么拽，连老天都在帮忙。

可以想象，宇文泰看到檄文后，脸上是何种表情，心里又作何感想。值得玩味的是，独孤信早就不叫"独孤如愿"了，对方也不是不知道，为何不"与时俱进"呢？

这应该是在讥讽宇文泰，对独孤信从来就没有过信任。

在38岁那年，独孤郎被赐名为"信"了，然而，对于宇文泰来说，他真正信任的外姓人，绝对不是独孤信。那么，能深获宇文泰信任的人是谁呢？苏绰算一个。

去年，苏绰因积劳成疾而病逝，宇文泰失声痛哭。以前，每

150

当宇文泰出兵时，都会预先备上盖有大印的空白文书，拿给苏绰。那意思就是，先生您看着办就行，您的意见就是我的意见。

不难看出，若有人要想离间宇文泰和苏绰关系，根本无从下手。独孤信却没有这份幸运。这一年，西魏大统十三年，45岁的独孤信，终于完全失去了宇文泰的信任。

宇文泰到底是老谋深算的，昔日老友是要防备的，但凡事不能做得太露骨，于是思来想去，他便命令独孤信转镇河阳（西魏北部），防备柔然。其陇右大都督、秦州刺史等职，由宇文导代任。

宇文导，是宇文泰的亲侄儿，才德兼备，且深受信任。

接到任命，独孤信也只能苦笑道：黑獭的确厉害，趁着西魏出兵东伐，柔然想做黄雀的当头，让他去防备柔然，真是于公于私都再好不过的安排。

当初，宇文仲和拒不受代，是什么下场，对此独孤信再清楚不过，因此，除了接受新的任命，他还能怎么做？只能走一步看一步。

河阳吊唁，亲诉哀苦

前面说过，高欢之死，是第一张倒下的多米诺骨牌。

第二张和第四张倒下的牌，分别是因为东西魏的一把手（皇帝靠边站）对二把手，产生了怀疑。但有所不同的是，侯景是真有反心，独孤信却不是——至少，于国而言，他没有反心。

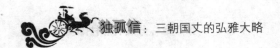

话说，侯景当时叛离东魏，十分讲究速度，而一向具有政治天分的富二代高澄，也格外擅长处理应急事件，他一方面派遣韩轨等人督军讨伐侯景，一面让二弟高洋以京畿大都督的身份，留守于邺城。至于他自己，则亲自外出巡视，抚恤各州下属，为的是安稳人心，不致生变。

为了掩盖父王的死讯，高澄命心腹以父亲的名义不断颁布政令，到了下一月，又前往邺城去朝见皇帝。他该用什么姿态朝见皇帝呢？

因为高欢曾气走了孝武帝元修，在社会上的风评着实不好，因此，高欢在生时，对儿皇帝元善见还是比较有礼貌的。然而，如今元善见已有 25 岁，比高澄还大着 3 岁，高澄要想唬住他，自然得多想点办法。

早先，高澄便让崔季舒为他监视皇帝，接下来的君臣关系分三个阶段：第一阶段，本年四月，席上以舞会君，亲热得不行；第二阶段，549 年，不准皇帝骑马，硬逼皇帝喝酒，还骂他是"狗脚朕"，让崔季舒殴打他三拳头（创历史纪录）；第三阶段，同年，警告挖地道想逃跑或是搞暗杀的皇帝，并捕杀他的亲信。

如果说高欢是披着羊皮的狼，高澄这是连皮都不披了，直接拿一双绿眼睛瞪着他。论起辈分来，高澄还是元善见的大舅子，可高皇后的面子根本不值钱。

可怜，史书中所说的"美容仪"，又"好文学，力能挟石狮子以逾墙，射无不中"，大有魏孝文之风的元善见，竟然生不逢时，当傀儡当得比西魏的元宝炬还惨。

高欢的死讯，是在 548 年六月才发布的，距离他离世已过去了五个月。在此期间，除了侯景这个幺蛾子在扑棱棱地飞来蹿去，东魏内部运转完全正常，难怪史家吕思勉在《两晋南北朝史》一书中点评道："北齐基业，虽创自神武（高欢），而其能整顿内治，则颇由于文襄（高澄）。"

如前所述，侯景的确是个反复无常的小人，在高澄发丧的上个月，侯景因为受困于颍川，便又忙着割让东荆、北兖州、鲁阳、长社四城，来求取西魏的援救。宇文泰点头应了，但其实，侯景仍在暗中与梁武帝藕断丝连，最后竟忽悠走了西魏一千余名将士，正式南下投梁。

于是，这年八月，刚让百官掏钱"赎身"的梁武帝，立刻没了菩萨心肠，一边重用侯景，一边宣布他要认真讨伐东魏，数年来建立的外交关系灰飞烟灭。这叫什么？友情的小船，说翻就翻！

这句话往小里说，拿来形容撕破脸的一对朋友，当然更是恰切，但拿来形容独孤信和宇文泰，却不见得。宇文泰比独孤信要短寿一些，而他终其一生，也不曾亲自在明面上和他撕破脸。而且，他的庶长子宇文毓，还娶了独孤信的长女。

其实，无须奇怪。因为，他们即便很难再做朋友，现在至少还是盟友。这个"盟"，便是武川军团这个政治联盟（当时没"关陇集团"的说法），宇文泰是贺拔岳势力的延续，独孤信是贺拔胜势力的继承者，影响力可想而知。

要想将这个集团真正融合在一起，宇文泰对独孤信再不爽，也只有防备忍耐。试想，如果他连发小都动了，其他的盟友能不心寒吗？

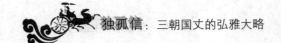

此外，宇文泰也明白一个道理。在以他为首的关陇集团里，一山自然不能藏二虎，但老虎之下，却允许有，也必须有几只猴子，来帮他管理这座山头。只要猴子不大闹虎山，不觊觎他的宝座，一边打还得一边拉。

既然要拉，便没有比政治联姻更有效，也更堂皇的方式。

整个南北朝时期，皇室贵胄内部都流行早婚。宇文毓生于534年，如今虚岁十四五岁，正值婚龄，而且开春后，他又被封为宁都郡公，食邑三千户，史书中说的"帝之在藩，纳为夫人"，应该就是在此时了。

幸运的是，独孤信这个长女婿，不仅打小就聪敏好学，人品贵重，平日里也不重女色，史有明载的只有独孤皇后和妃子徐氏而已。

后人说，独孤信是"三朝国丈"，这是因为，他一共育有七个女儿，其中大女儿被追封为明敬皇后（北周），四女儿被追封为元贞皇后（唐朝），七女儿是独占帝宠的文献皇后（隋朝）。

唐末五代时，有一个叫符彦卿的人，是中国历史上的"三朝国丈"，这个牛人的长女、次女，先后被周世宗柴荣册立为后，第六女被宋太宗赵光义纳入宫中，死后被追封为懿德皇后。而符彦卿本人，则屹立七朝而不倒，也实令后人啧啧称奇。

话说回来，虽然独孤信的身体素质过硬，但却没能挨到独孤伽罗当皇后的那日，所以仅此一点，相比符彦卿而言，这个三朝国丈当得不太实惠，但人们依然习惯这样称呼他。

原因不在乎三点：第一，他是第一个"吃螃蟹"的岳父；第二，北周、隋、唐这三个王朝是连续嬗递的；第三，单挑敌首、侧帽风流的传奇，是为他的分量加码的！

548年这年，46岁的独孤信和41岁的宇文泰，从盟友荣升为儿女亲家，这对前者来说，是一件大事，但对后者来说却未必。因为，独孤信算是晚婚晚育（不算第一个妻儿），宇文泰却是早早就有了个大女儿，做了元钦的太子妃。

史载，大统十四年正月，西魏皇长孙降生，皇帝大喜之下，大赦天下。皇爷爷高兴，是因为元家后继有人；外公也高兴，却更是因为宇文一族有了"持续发展"的可能。

何况，宇文泰太了解元钦了。这个女婿，其实并不怕他，但却十分迷恋他的女儿，甚至连小妾都没有一个。因此，他自然以为，女儿要是肯吹枕头风，宇文家的长久富贵自然更有保障。中国历史上一夫一妻制帝后的先河，就是由这对不太著名的皇家夫妇开的，只是，比起明孝宗朱佑樘两口子来说，他们的命运太过凄惨。

在这个月，身为独孤信朋友之一的赵贵，也由开府仪同三司拜为司空，这也是一桩喜事。独孤信长女的成婚时间，应该略晚于此。

这一边，整个西魏都被笼罩在喜庆的氛围中；那一头，梁和东魏的关系，却是因为侯景的惨败和高澄的用心经营，又生出了新的变化。

548年正月，慕容绍宗以5000铁骑猛攻侯景，侯景大败之下，忙命人对慕容绍宗说：

"景若就擒，公复何用！"侯景所言，对方深以为然。

这其实很讽刺。去年正月，高欢病逝时，遗命中便有慕容绍

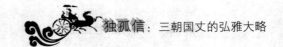

宗可信的交代。因此，在韩轨败给侯景之后，慕容绍宗便被当作杀手锏派了出去。哪知，在十二月的涡阳之战中，慕容绍宗惨败，如今这机会，既可一洗前耻，又可立下大功，他岂能不知？但根深蒂固的"养寇"心理，是多数武将都迈不过的坎。

想来，高欢也想不到，他至为信任的慕容绍宗会做出这样的决定吧。不知此事高澄是否知情，但眼下正是用人之际，他就算知道也不能计较，这不，过了三个月，便任命其为南道行台，和太尉高岳、行大都督刘丰生等人一起攻打王思政——王思政趁乱占据了颍州。

这是四月间的事，为了尽快拿下侯景，高澄一直试图跟梁修补关系，说要把战俘萧渊明送还给他。侯景反复无常惯了，对此梁也有不少有识之士，颇有警觉之心。

说话的人多了，加上心疼侄儿，梁武帝心里还是有些动摇的。到了下一月，眼见梁武帝和高澄之间，又将荡起友谊的双桨，侯景稍作试探后，迅速做出了叛梁的准备。

差不多同时期，独孤信接到了母亲的死讯。以那时的平均寿命算来，母亲费连氏也算是寿终正寝，但独孤信却十分内疚。多年以来，他都不曾在母亲身边尽过孝道，如何能不惭愧，能不遗憾？

如今，他准备为母发丧行服。正好，元宝炬刚将宇文泰升任为太师。出于锻炼接班人的目的，太子元钦奉命出巡，由岳父宇文泰一路侍奉。这一次，太子将与独孤信亲自会面。

史载，巡察团的路线是，陇地—原州—北长城一带，最后再是五原、蒲州。不难想见，他们是在得知独孤信生母逝世的消息后，才转至河阳亲示吊唁的。这不是顺道，而是有意为之的。

和元宝炬一样，元钦对独孤信是心存敬意有意拉拢的，但对他打算服满三年丧期的做法不予支持。古人服丧，"自闻丧日起，不计闰，守制二十七月，期满起复"，这是规矩。对于独孤信来说，回家（云中或是东魏）当然是不可能的，但在此期间，不过问公务专心服丧是能做到的。

其实，独孤信的做法不被支持，并不是宇文泰存心刁难他。毕竟，独孤信就是西魏重臣，帐下又有许多人才，哪能不顾而去，轻易离职？这也反映了宇文泰对独孤信的矛盾态度——既怕他干得太多功高盖主（宇文泰自己），又怕他撂挑子不干了。

于是，元钦和宇文泰这对翁婿很快达成了共识，夺情。

八大柱国与十二大将军

所谓"夺情"，便是指为国家夺去了孝亲之情。

据古代礼俗，居家守制，称作"丁忧"，服满后再来补职，但朝廷如有需要，可以命其素服治事，而不必弃官去职，如果碰到庆贺、祭祀、宴会等吉事，便由佐贰出面去做。

这是一种权宜之计。古来，大有贪恋权位之人，生怕自己"人走江山失"，而主动申请被夺情的资格，可独孤信却不然。当然，后世也有人认为他是在惺惺作态，但这种看法没什么道理。

因为，宇文泰对独孤信早有猜忌之心，独孤信怎么可能会给对方夺走他职权的机会呢？权是什么？权是惑人的迷药，伤人的

利器没错，但权也是一张贴上去就不能取下来的护身符！

除了对父母亲眷的愧疚之心，还有什么原因，会让独孤信愿意冒这个险？

《周书》中，也有王谦打算服丧时，"高祖手诏夺情"的记录。高祖，说的是周武帝宇文邕。为示安抚之意，王雄被追赠了"庸公"，王谦则可袭父爵。这个王雄，是西魏府兵十二大将军之一，比独孤信小四岁，就个人能力而言，也是一时雄杰。

同样的道理，在此时要夺独孤信的情，朝廷不能没有任何表示，于是，宇文泰决定追赠其父库者为司空公，其母费连氏为常山郡君。

此事告一段落，独孤信最终也没能真正为父母尽孝。现如今，他战功赫赫，儿女绕膝，但心底的遗憾，此生却再无机会弥补了。

送走太子巡察团后不久，独孤信听说他们本来已向东到了五原、蒲州，突然得知皇帝身体不适，便中途折回京中，不禁有些担心——太子虽然英睿有识，但年龄尚小，如果皇帝的状况很不好，他能担起西魏的河山吗？

所幸，元宝炬的情况没那么糟糕，翁婿两人刚返回长安时，便好得差不多了。宇文泰也松了口气，很快动身返回了华州，忙自己的事去了。

为了与东魏再度建交，在五月里，梁武帝已派出散骑常侍徐陵等人，出使邺城。这个徐陵，便是《玉台新咏》的编者，著名的《孔雀东南飞》（《为焦仲卿妻作》）一诗便是经他之手整理出来的。

徐陵出使较为顺利，东魏和梁之间，又达成了不少共识，拉着小手说要"风雨同舟"了。高澄放下心来，去北境走了一趟。朝了皇帝，返回晋阳之后，高澄听闻了东魏军夺取了长江、淮河以北约二十三个州，和侯景勾结临贺王萧正德在寿阳反叛的消息，不由得心情大好。

很显然，侯景这个祸害如今是把梁当做一号敌人了，自己还不乐得做那优哉游哉，看热闹收好处的渔翁？不过，想做渔翁的人，自然不只是高澄了。

当八月中旬，梁武帝下诏命柳仲礼等人讨伐侯景时，西魏这头也不会全无动静。史上所说的"侯景之乱"经过预热阶段，现在正式展开了，而在整个平定侯景之乱的过程中，萧氏兄弟们并不是戮力同心共保皇室，而是彼此争权自相残杀，于是，西魏的军事策略再也不是和东魏争强，而是一边去梁抢地盘，一边培植政治傀儡。

550 年，占汉东；552 年（元钦在位），得剑北；553 年，掠巴蜀；554 年，陷江陵……其结果是，西魏的疆域几乎扩张了一倍，远比东魏占取江淮之地来得划算。不仅如此，北周之所以具备消灭北齐的实力，很大程度上是因西魏在侯景之乱中所分得的红利。

高欢一死，西魏便有了反扑直上的可能；侯景一乱，西魏更是有了称霸天下的资本。刘向在《说苑》中说，"天予不取，反受其咎；时至不迎，反受其殃"，若用此语来给后三国关系作注脚，真是再适合不过。

有了机会，必争无疑！对于有志在一统天下的豪杰们来说，

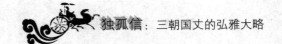

把握时机积极进取才是要务，

贻误时机妇人之仁，必将反受其害，追悔莫及。

这一年，是 548 年，西魏的大统十四年，独孤信 46 岁，因军功卓著，他在这年被进位为"柱国大将军"。史称的"西魏八柱国"，包括独孤信在内，在这时已经有了五位。他们分别是宇文泰、元欣、独孤信、李虎和李弼。

柱国这个概念，早在战国时的楚国便有了，那时是指楚国的最高武官，也称为"上柱国"，其位仅次于令尹。但这个概念，和"西魏八柱国"的概念还是有所区别的。这里的柱国，是"柱国大将军"的省称，直接源于东晋十六国时的后燕。

后燕的慕容垂曾设了一个位在太尉之上的武官职衔，便叫做"柱国大将军"。在北魏末期，也有此设置，并令其位在丞相上，枭雄尔朱荣就曾被授予此职衔。

作为西魏的灵魂人物，宇文泰早在大统三年时，便已加封此职衔，以示其超然人上的地位。第二个得此殊荣的人，是元欣。这人的姓名听起来很陌生？嗯，陌生就对了。来看一下他的个人简历，"广陵王元羽子。性粗率，好鹰犬"，分明就是个纨绔子弟。

可是没办法，他是皇室近支，当初又率先响应孝武帝元修入关。投胎投得好，又能瞅准时机，宇文泰也不能亏待了他不是？再说了，这样的人对他是没有任何威胁力的，给颗棒棒糖叼着，哄上一哄，那就你好我好大家好了。

八大柱国中，宇文泰和元欣之下，是没有大将军的。出于安抚西魏皇室的目的，在其他六位柱国所督领的十二位将军中，广平王元赞、淮安王元育、齐王元廓也占了三个名额——这个元廓，以后唤作"拓跋廓"，是西魏的第三位皇帝。

柱国这职衔跟糖似的，甜得谁都想吃一口，但余下的六颗糖，必须奖励给真正能干事的人。独孤信的颁奖词不难写：克下溠、守洛阳、破岷州、平凉州，于武功之外，更长文治，称美一时。

李弼的颁奖词更是毫不费劲便可写来：于关中无主时，率众投奔宇文泰，之后平关中、战东魏，在沙苑大战中，战果尤为辉煌。故此，当大统十四年，李弼平定北稽胡之乱后，迁为太保，并加柱国大将军封号。

关于李虎，我个人觉得，如按宇文泰的本意，他并不想给对方吃糖。大家应该还记得，当初贺拔岳被杀之后，对于宇文泰是否有资格接掌关中派系一事，并不是全票通过的。投反对票，并且悄悄溜号跑去找贺拔胜的人是谁？没错，就是李虎。

宇文泰不爽李虎，其实也无关度量大小，而是他应该早就能看出，自己不是李虎的第一选择。不过，李虎这些年也算识时务，作为原属关中派系后属洛阳（皇帝）势力的一份子，若是不给他糖吃，就不可表现出自己笼络羁縻贺拔岳旧部的胸怀。

于是，李虎的颁奖词可以这么写：随军平元颢，有功；击败万俟鬼奴，留镇陇西，有功；攻打曹泥，有功……至于大统四年时，作为后续部队，搞不清楚状况私离战场；至于侍奉太子元钦去渭北驻防，以致长安失守的事，就不要提了。

顺便说一下，在第二年（大统十五年），被加封为"柱国大将军"的赵贵、于谨、侯莫陈崇。

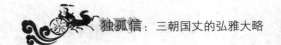

如前所述，赵贵早在避乱中山时，便与独孤信同被逼迫加入葛荣义军，后来的发展轨迹也大致相似，只是，他是拥立宇文泰为主帅的，而李虎却去向贺拔胜报信，召来了独孤信——还好，独孤信忖度自己实力不足，没公然跟宇文泰抢糖吃。

平定关中后，赵贵曾收复恒农、攻克沙苑，并参与河桥、玉璧、邙山之战，又在广武大破柔然，理应加封。而且，赵贵是西魏皇室的女婿。

其实，从感情上来说，赵贵应该更是向着元氏的。赵贵后来被"赐姓乙弗氏"，他是阳平王新成一个儿子的女婿，史载"子敏，嗜酒多费，家为之贫。其婿柱国乙弗贵……家赀皆千万，每营给之"。

侯莫陈崇对宇文泰是极为忠心的，但对其继承人宇文护却不服气，此处暂且不表。应该说，在八柱国中，彻头彻尾毫无二心地支持宇文泰及其后人的，是于谨——向宇文泰提出称霸关中之策的是他，随之屡立战功的是他，说服众人以宇文护为尊的，还是他。

宇文泰对他的看重程度也非比寻常。他的儿子于翼，不过才十一岁，就被宇文泰相中了，做了他的女婿。虽说于翼向来是"美风仪，有识度"，出类拔萃的，但他能让岳丈这么留心，这么着急，究其原因，只怕主要还是因为爱屋及乌。

六位柱国底下，是十二大将军。这十二人中，除了已提过的皇族代表，还有宇文导、宇文贵、李远、达奚武、侯莫陈顺、杨忠、豆卢宁、贺兰祥、王雄这九人。十二将军各自督管两个开府，两个开府各领一军。

有必要一提的是，在这十二人中，杨忠毫无疑问是独孤信的亲密死党，而宇文导是宇文泰的侄儿，贺兰祥是宇文泰的外甥。其间，并没有宇文护。

宇文泰后来临终授命，之所以选择侄儿宇文护，那是因为宇文导在恭帝元年（554 年），就因病过世了，时年不过 44 岁。面对嫡长子才不过 15 岁的现实，宇文泰没有更好的选择。

西魏八柱国、十二大将军的职衔全部确立以后，在大统十六年，府兵制正式建立。这八位柱国中，宇文泰是李渊的外祖父，李虎是李渊的祖父，李弼是隋朝掘墓人之一李密的曾祖父，听起来都十分牛气。

相比而言，最牛气的可能还是独孤信这个三朝国丈了。因为，他有一个女婿是杨坚；两个外孙分别是杨广、李渊；还有一个曾外孙，是李世民。

可以这么说，没有西魏这个被习惯性忽视的王朝，没有宇文泰这个锐意改革的军事家，没有独孤信这个文武兼备的儒将，新兴的贵族集团不会就此横空出世，制造出一个源于武川，建于关陇，盛于隋唐的历史奇迹。

仅为此故，他们都值得我们满怀敬意地去追索，去铭记，去感动！

第七章　人情翻覆似波澜

时　间：大统十四年（548年）——元廓三年（556年）

皇　帝：西魏文帝元宝炬，废帝元钦，恭帝拓跋廓

年　龄：46—54岁

关键词：荫蔽子孙，崔氏渊源，北齐篡国，权力之争，
　　　　帐下英才，佳女佳婿

满门富贵，儿女皆全

根据史载，大统十四年（548 年），独孤信不仅进为柱国大将军，而且其功"听回授诸子"。在此情形下，其"第二子善，封魏宁县公；第三子穆，必要县侯；第四子藏，义宁县侯，邑各一千户。第五子顺，武成县侯；第六子陀，建忠县伯，邑各五百户"。

因为独孤信的七女独孤伽罗是在 544 年生的，所以，在独孤信 46 岁时，包含独孤罗在内，他至少应有六个儿子，七个女儿。

其间，除了独孤罗和独孤藏以外，诸子的出生时间，都只能推断。独孤罗于 534 年出生，有生之年从不曾见过父亲一面；独孤藏小大哥 9 岁，于 543 年出生。那一年，是西魏大统九年，父亲独孤信 41 岁。

很显然，后来的独孤顺、独孤陀是在独孤信 41—46 岁之间生

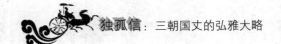

的，都是独孤信最有名的女儿——独孤伽罗的弟弟。当然，独孤顺也有可能与独孤伽罗同龄。

老话说"封妻荫子"，在过去，有资格蒙受父荫的，几乎都是家里的儿子，因此，我们自然能理解，过去的人们，以生子为荣的传统思想，只是可能连独孤信他自己也想不到，千年以来，他那些总体上并不差劲的儿子们，会光彩渐无，反而是他的三个女儿们，与他们的丈夫或是后人，写下了古中国的诸多传奇。

当然，独孤信和所有贵族们都一样，都明白强强联姻的重要性，所以为女儿挑选良配，何尝又不是一种投资呢？时下，流行一句戏语，说生女儿就是在开银行，只要瞅准了合作方，就不会亏本的。此语虽是玩笑话，但却并非毫无道理。

所以，身为父亲，为儿子谋划前程自然应该，但同时，每个心疼女儿和慧眼独具的父亲，都会以他洞悉世情的眼睛，来为女儿挑选最合适的夫婿，来为自己家族赢取更好的未来。

这是无可厚非的。作为政治人物，如果在儿女的婚姻大事上，不多思量一些，保不准就会被卷入漩涡中心，死无葬所。

纵观独孤信一生，自己的结局虽然不幸，但家族却得以保全延续，这些其实都有赖于于他的睿智头脑，和苦心经营，才能将此风险系数降到最低。

来说说独孤信的女儿。长女已在父亲诸子受封当年，便已成婚。她与四弟独孤藏为同母所生。这个母，指的是独孤信从梁回返西魏后，所娶的那个郭氏。至于郭氏的家世，在史书中是没明确记载的，不可妄断。

独孤伽罗和这对姐弟的母亲不同，她的母亲为崔氏。这个崔氏，出自于清河崔氏，应该稍晚于郭氏进门，在名分上应属平妻（有争议）。

中国现存最早的古都志名为《长安志》，由北宋宋敏求编纂，其中提到两个细节，说青龙坊东南隅有一个已经作废的普耀寺，是隋朝开皇三年（583年）时，独孤皇后为外祖父崔彦珍修建的；另外，延福坊西南隅的纪国寺，是在开皇六年时，独孤皇后为母纪国夫人崔氏而立。

唐人宋之问有一首《秋晚游普耀寺》，其中说到"薄暮曲江头，仁祠暂可留"，自有一番人事代谢的感慨在其间。

独孤伽罗之母崔氏之父，叫做崔彦珍。再往上数，独孤伽罗的祖父便是崔稚，崔稚则是崔蔚的次子。上推三代，这一支来自于人才辈出的崔氏。

作为一个缘起于春秋，发迹于东汉三国的山东望族，在北魏后期，清河崔氏排名还在卢、郑、王等望族之前。崔悦的后人里，最杰出的人物就是崔浩。崔浩的结局很不幸，但这个三朝元老，曾协助太武帝统一北方，其历史功绩永不可磨灭。

说起崔浩，人们多以为自他因国史案导致直系亲戚和姻亲被族诛，但仅照此表看来，都并非如此。因为，独孤伽罗之母，崔氏的曾爷爷崔蔚，是崔浩的直系从兄弟，当时逃亡去了南朝。

那么，他们又是在什么时候，又回归了北魏呢？

《周书》中说，"延兴初，（崔彦穆）复归于魏……大统三年，（崔彦穆）乃与兄彦珍于成皋举义，因攻拔荥阳，擒东魏郡守苏淑"。这便可以看出，在孝文帝元宏延兴（471年8月——476年6月）年间，独孤信之妻崔氏的父亲崔彦珍，已再次在北魏安居

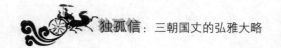

下来，并且在魏朝两分时，选择了西魏。

大统三年（537 年）时，35 岁的独孤如愿刚刚返回西魏，在成功收复恒农，攻克沙苑之后不久，又被派出去争抢洛阳。与此同时，贺拔胜、李弼围攻蒲坂；李显去夺荆州。

独孤如愿入洛，意味着西魏第一次收复洛阳。一时间，归附之人，如云而聚。镇守在洛阳的独孤如愿，一边招抚不断来附的吏民，一边命人修缮宫殿，还一边主动寻访因战乱而流离失所的名门士族们。

如前文（第四章）所述，柳氏、裴氏等河东大族，因为独孤如愿善于招抚等原因，选择入关，渐渐区别于其他侨姓、吴姓和郡姓。可是值得注意的是，山东郡姓中的太原王氏、范阳卢氏、清河崔氏等绝大部分，都在东魏发展。

想想看，在儿女的婚姻上头，独孤信都是极为上心的，对他本人自然更不能马虎。他之所以要在已有正妻郭氏的情况下，又迎娶崔氏作为平妻，绝对不是因为心血来潮，或是贪恋美色。

在整个清河崔氏中，留在西魏发展的本来就不多。"物以稀为贵"的理，没人不懂。通过婚姻，巩固自己的既得利益，是人之常情。这么想来，崔彦珍的女儿，不太可能是独孤信的小妾。

不过，说是为了独孤家族本身，应该也不尽然。不妨大胆揣测一下，他与相对势孤的清河崔氏联姻，只怕也有与过去招抚柳氏、裴氏一样，有着超出个人意义以外的政治目的。

不管怎样，时年 46 岁的独孤信，有了两位妻子和六子七女。因为他对魏家王朝的忠诚，对文治武功的追求，他得到了文武官员们向往的一切——满门富贵，儿女皆全。

　　然而，十五年来暌隔于父母妻儿，他的心里并不会好受。当尘埃落定之后，独孤伽罗为什么会一排众议，对素未谋面的异母长兄格外尊敬？我想，最主要的原因，还是因为她深知慈父之心。所以，父亲愈是愧疚，她对哥哥的敬意，才愈是诚厚。

　　今天，我们还可以看到一封情致拳拳的书信，叫做《报母阎姬书》。这封信，是宇文泰的继承者宇文护写给自己生母的回信。与独孤信和贺拔胜一样，宇文护的母亲阎氏，也在战乱中流落东魏。

　　到了北齐时期，武成帝高湛试图与宇文护交好，便打算将阎氏送还，请人写了一篇《为阎姬与子宇文护书》。宇文护幼时所穿的旧锦袍，和着书信一起被送达至北周。

　　信中所述，几乎都是宇文护年幼时的琐事，其中"禽兽草木，母子相依，吾有何罪，与汝分离"等句，看得宇文护号啕大哭。最戳心的还是这几句："寒不得汝衣，饥不得汝食，汝虽穷荣极盛，光耀世间，汝何用为？于吾何益？"

　　为了迎母归国，宇文护写了一封回信。

　　信里说，他"违离膝下，三十五年"，知道自己极为不孝。如今有机会迎回老母，能"一得奉见慈颜"，便是"永毕生愿"。

　　这件事发生在保定三年（563 年）之前，这时已经周武帝宇文邕在位时的事了，距离西魏亡国已有 7 年，距离独孤信过世也有 6 年了。

　　宇文护毕竟是西魏乃至北周的一把手，而独孤信不是，无论是东魏还是北齐，都没有必要为了讨好一个二把手甚至三把手四把手，而主动归还政治囚徒——除非独孤信叛国投敌，当然，这

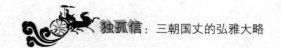

绝不可能。

还是，说回到现实中吧。对于西魏而言，大统十四年是个很重要的年份，因为八柱国中的四位都已确立，但到了下一年，他们会有更多的收获。在这年里，西魏不但封赏了柱国，即将构建完整的府兵系统，而且还先后得到了极为振奋人心的消息——梁皇帝萧衍死了，东魏权臣高澄也死了！

大统十五年初，梁柳仲礼险些被侯景刺死。由于侯景逼得太急，无奈之下，太子萧纲用风筝求援军。侯景素来是个会耍诈的，才说要与老皇帝和解不久，又忙不迭地去掘玄武湖，打算灌台城。

在被侯景软禁两月后，梁武帝终于病饿而死。遥想春秋五霸中的齐桓公，晚年被活活饿死的惨事，总觉得这二人的相似之处实在不少。他们人生的前期都是勇武睿智的，后期却都格外骄傲自满，以至于不仅自己死得没有尊严，还造成了诸子争位，外贼争强的乱政。

最让人感慨的是，在软禁期间，梁武帝竟然说过"自我得之，自我失之，亦复何恨"的话，但他真无恨吗？不，他只是阿Q一下罢了。

临死前，梁武帝口中极苦，想吃点蜜也无从得到，于是喉咙里发出"荷荷"两声，瘪着肚皮饿死于文德殿中。据说，"荷"是"杀"的意思。

宋人杨万里在《读梁武帝事》写道："眼见台城作劫灰，一声荷荷可怜哉。梵王岂是无甘露，不为君王致蜜来。"试问，曾经叱咤风云的帝王，竟然这般凄凉死去，岂能真的无憾无恨，无悲无痛？

僚佐之中多能人

549 年五月，梁武帝病饿而死，侯景扶持萧纲为傀儡皇帝。高澄的死，也和吃饭有关。

但却不是因为吃不着，而是因为吃着了——送饭的那个人有问题。这年四月，高澄已封齐王，父亲高欢不敢做或是没来得及做的事，他已在逐步谋划中。六月间，颍川失守，王思政自杀未果，不得已投降于高澄。高澄更是信心爆棚，从前线班师之后，便与亲信们密谋篡国之事。

厨子兰京等人以送食为名，将高澄刺死于北城的东柏堂内。兰京是来自梁的俘虏，虽然极为憎恨高澄，不乏杀人动机，但此事疑点甚多，比如，高洋是如何得知此事，并快速做出反应的？

高澄死时年仅二十九岁。客观地说，他的私生活虽然极为糜烂，但他以弱年辅政，之后修正律法、惩治贪霸、平定叛乱、吞并两淮，的确也是个能独当一面的人物。并且，其六子几乎都文武兼备，尤其是第四子高长恭（兰陵王），堪为一代名将。

然而，他们都还小，有资格继承高氏基业的人，是他们的二叔高洋。

要说，西魏的运势在这一年的确还不错，二月间，东魏四千余户百姓，主动归附西魏，不久后东魏名将慕容绍宗也战死了。不过，这年的糟心事也不少。六月间，颍川失守，王思政被高澄俘虏了去，也是一个莫大的遗憾。之前，宇文泰也不是没有派出

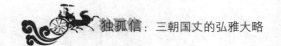

援兵，但始终没来得及拯救势危的颍川。

侯景劣迹斑斑，梁将陈霸先，在十二月间结交郡中豪杰，准备攒够了实力，就前去讨伐侯景。到了次年（550 年）二月，侯景派人攻打梁室诸藩王，屠广陵，强娶简文帝的女儿溧阳公主。整个江南民不聊生，白骨成堆，甚为凄惨。

也就在次月里，高洋晋爵为齐王，之后，"水到渠成"地篡了东魏的权，建号为"齐"。这个齐，便是历史上以荒暴著称的北齐——人送"禽兽王朝"四字于它，不算过分。

东魏唯一的皇帝元善见，被降为中山王，食邑一万户。妻子与之感情深厚，生怕他遭难，一应酒食都要先尝尝。可是，元善见终于还是被毒死于次年年底之前，三个儿子也被高洋尽数杀害了。再后来，孝静帝皇后被高洋改封为太原公主，并被强迫改嫁于右仆射杨愔。

也许，谁都没想到，宇文泰和高欢斗了小半辈子，西魏和东魏争了十六年，最后的结果，是枭雄死前也不曾会晤，对方不曾被自己歼灭。但是，对西魏来说，这世间已经再没有一个东魏，被他们唤作"伪魏"了。他们自己，是当世唯一的一个魏朝。

也正因北齐代魏，西魏这头便有了出兵的理由。

再说，由八柱国、十二大将军、二十四开府（二十四军）所组成的府兵系统，已完全建立起来，他们也需要一场战役，来验证自己的勇武，来验证军队的强大。

在宇文泰决定对北齐发兵之前，还有来自梁朝的一些事情要处理。

二月间，杨忠进逼江陵（今湖北），西魏得到了"魏以石城为封，梁以安陆为界，请同附庸，并送质子"的战果。到了七月里，萧詧要来长安朝见皇帝，宇文泰也有得忙。

这个萧詧，是昭明太子萧统的第三子。争起权位来，湘东王萧绎才不管自己是不是人家的七叔呢。萧詧攻伐江陵失败后，担心自己被七叔给灭了，去年已遣使来向西魏称藩，一心归附。不久，还把妻儿也送来西魏当人质，以请求救兵。这才有了杨忠先活捉柳仲礼，平定汉水以东，再进逼江陵的军事行动。

由于没有玉玺、遗诏在手，宇文泰便特意命人持旌节、策书，先封萧詧为梁王。等处理完萧詧的事，宇文泰一边集合关中的军队，一边命宇文导还朝。

如前所述，宇文导早已替代独孤信镇守于陇右，这时宇文导被征召回朝，元宝炬便让自己的儿子齐王元廓暂守陇右。此时，宇文导已是十二大将军之一，入京接到任命后，迅速屯于咸阳，镇守关中。

总的来说，这次宇文泰的东伐不算成功。因为，高洋以异常残酷的手段，亲自培养出了一批"百保鲜卑"，用来充塞于边防。不仅如此，他还纠合了不少六州鲜卑，搞了一次声势浩大的军事演习，以炫示武力。最后，亲领主力，将大军推至建州（今山西绛县东南）的宇文泰，无奈地叹了一句"高欢并没有死啊"，便班师回朝，继续打蚕食梁的主意了。

自然，这样重要的战役，独孤信也是要参与的。

作为八柱国之一，独孤信的任务，是率领来自陇右的数万兵士前去东讨。史书上不曾记载战中细节，但从"从嶕阪还军后，迁为尚书令"一句看来，由他所领的这支队伍是颇有收获的。加

为尚书令后，独孤信正式入朝为官，由史宁代替他镇守河阳，以后他再也不曾兵镇一方。

"登崤阪之威夷，仰崇岭之嵯峨"，潘安曾写过崤阪的地势，可想，这次东讨之行也是凶险万分的。很可能，就是在此时，李屯被收进了独孤信的帐下。

研究独孤信的家谱，会发现一个叫"独孤楷"的人。他与独孤信并无血缘关系，原本姓李。他的父亲，便是李屯。史载，李屯跟随北齐皇帝高洋，与北周在沙苑作战，兵败被俘后与独孤信结缘。

但细细思来，北周建立那年，独孤信便过世了，怎么可能与之结缘呢？此次之后，独孤信在史上也无明确的出兵记录，所以，应该就是在这次东讨之后，李屯为独孤信所用信，并赐姓为"独孤"。

后来，独孤楷在北周被拜为西河县公，又在隋代周后，被拜为右监门将军，进封汝阳郡公。在隋炀帝杨广即位后，独孤揩担任并州总管，仍然受到重用，得以善终。

说起独孤信的幕僚，不妨再补叙一下大统六年（540年）时的事。

正应了"一个好汉三个帮"的老话，独孤信的帐下，汇聚着一批出色的僚佐，这其中，对后世影响最大的，应该算是高颎了。高颎的父亲高宾，本来是在东魏任职的，且官至龙骧将军、谏议大夫、立义都督。说起来，本来还算混得不错。然而树大招风，人红遭嫉的事，自古以来都不少。因为高宾被人使了绊子，以致高欢对他疑神疑鬼的，无可奈何之下，高宾就在那年悄悄投了西魏。

宇文泰对他是极为认可的，但自己却没用他。因缘巧合，高宾成了独孤信帐下颇受信任的僚佐，官至刺史，终老于任所。由于高宾曾被赐姓为"独孤"，所以高颎也叫做"独孤颎"，杨坚在当皇帝以后，还曾亲切地唤他"独孤"。

高颎是在大统七年出生的，隋炀帝大业三年被杀，享年55岁，是隋朝年间出色的政治家、战略家，《隋书》中评价他是"有文武大略，明达世务……竭诚尽节，进引贞良，以天下为己任……当朝执政将二十年，朝野推服，物无异议"。

后来，李世民也说："朕比见隋代遗老，咸称高颎善为相者，遂观其本传，可谓公平正直，尤识治体。"虽说，高颎最后在政治上失势，结局凄惨，但他是无愧于这个时代的。

如独孤楷、高颎等人，皆是以独孤信幕僚的身份，走上历史前台的。或许，缺少了这样一个平台，缺少了这样一个机会，他们未必能得淋漓尽致地发挥自己的才干。

因为宇文泰对独孤信始终心存戒备，故此，除了柳虬和裴诹之以外，对方的心腹也多是被他挖了墙角，或是调离原职。这其中，杨忠和宇文虬较为典型。

说到杨忠，当他在跟随独孤信回返长安后，宇文泰便将他留召于帐下，多年来立下不少战功不说，某一次还跟随宇文泰在龙门狩猎，徒手搏击猛兽。那阵仗，根据史书中的描述，是"左挟其腰，右拔其舌"，很是厉害。

因为这件事，宇文泰更加看重杨忠。那时，北人将猛兽称为"揜于"，很快，勇斗猛兽的杨忠，便以此为表字。杨忠最突出的

战绩，应该是对梁展开的一系列军事行动上。大将军的职衔于他而言，肯定是实至名归的。

至于宇文虬，从孝武帝元修西迁开始，他就是独孤信的帐内都督，又一同南下投梁，私人感情十分深厚。大统三年，宇文虬还归西魏后，进爵为公。因其随独孤信，在弘农、沙苑、河桥三战中的表现，不断得到加官。

在大统七年时，宇文虬出任汉阳郡守。虽然他也被派去，跟从独孤信一起讨伐梁仚定，但是显而易见，这时他已不在独孤信帐下了。再之后，宇文虬为南秦州刺史，后来还击破武陵王萧纪的军队，战功赫赫。

应该说，隋唐盛世的起源，其实应远溯至以宇文泰为首，独孤信为代表的西魏八柱国。宇文泰这样的能人，自然不可能只靠挖盟友的墙脚，便能在关陇立政。每一个有胆量有本事"挟天子以令诸侯"的人，身边都有大量的拥护者。

为了得到拥护者的坚定支持，宇文泰格外重视政治联姻。他至少有13个儿子，11个女儿，包含早亡的宇文震在内，几乎每个人的婚姻，都"有的放矢"地，成为他约束皇室或者羁縻权臣的手段。

尤其是，宇文泰的女婿李辉（父李弼）、于翼（父于谨）、李基（父李远）这三人，将直接改变西魏的命运。

忠于西魏，还是忠于宇文泰

下一年，是大统十七年，也是西魏文帝"执政"的最后一

178

年。身体情形每况愈下的元宝炬，在三月间驾崩了，太子元钦顺利地继立为帝。

本年正好有闰三月，到了四月里，西魏葬先帝于永陵，谥号为"文"。这倒是评价挺高的，那么，什么是"文"？

《谥法》里说：

经纬天地曰文；道德博闻曰文；慈惠爱民曰文；愍民惠礼曰文；

赐民爵位曰文；勤学好问曰文；博闻多见曰文；忠信接礼曰文；

能定典礼曰文；经邦定誉曰文；敏而好学曰文；施而中礼曰文；

修德来远曰文；刚柔相济曰文；修治班制曰文；德美才秀曰文；

万邦为宪、帝德运广曰文；坚强不暴曰文；徽柔懿恭曰文；圣谟丕显曰文；

化成天下曰文；纯穆不已曰文；克嗣徽音曰文；敬直慈惠曰文；

与贤同升曰文；绍修圣绪曰文；声教四讫曰文。

不管怎么看，"文"都是个很好的谥号。可是，这些对于元宝炬来说，没有实际意义。就拿今人来说，一提到魏文帝，多数人只知道个曹丕不是？没有实权的政治傀儡，除非结局凄惨得让人心疼，否则很难触人泪腺。

　　比起元善见来说，元宝炬善于忍耐且运气不错，得以善终，只是他心上的伤却也不浅。对此，元钦大有感受。他应该记得，父皇曾为赐死废后而流泪，也曾远望嵯峨山，说他生了隐逸之意，希望能在五十岁后归隐山林的话。最后，元宝炬死在 45 岁那年。

　　《北史》中评价元宝炬是"以刚强之质，终以守雌自宝"，可是，继任者元钦却不是。年少气盛的他，不仅不满于岳父宇文泰，更是急于集权，这便很快为他自己惹来了大祸。因为元钦自幼聪慧，元宝炬曾将他托付给宇文泰教养过一段时间，并且说："是子也，才由于公；不才亦由于公，公宜勉之。"

　　算起来，宇文泰不仅是元钦的岳父，也是他的老师。这段军旅生涯，带给元钦的影响便是，豪放勇武的性格，和他对宇文泰长女忠贞不二的感情。不过，这份感情依然抵不过他对新任国丈的恨意。

　　这种恨意，早在宇文泰干涉元宝炬的私生活，导致元钦生母悲剧的时候，便埋下了种子。乙弗皇后死前，曾留遗言于元钦，字字凄怆。元钦登基之后，不愿再走他父皇的傀儡老路，曾几度设法与宇文泰争权。宇文泰倒是沉得住气，在元钦二年（553 年）二月，主动辞去丞相、大行台之职，但对都督中外诸军事这样的要职却死攥着不放。

　　元钦心里不乐，整个皇室也不高兴，于是，这年十一月时，便有尚书元烈谋杀宇文泰的事件发生。这事应该与元钦有一定关系，对此，元钦极为难过，口中怨语也不少。

　　一方面，元钦伤心气急过了头；另一方面，他想做元子攸第二，因此，在次年（554年）正月，元钦开始谋划刺杀宇文泰。这计划显然不够周密，可谓是天知地知，临淮王元育知，广平王元赞知，李基、李辉、于翼知——最后连宇文泰也知道了。

相信爱情的元钦，也相信他的连襟们，李基、李辉、于翼这三位这时正掌管禁军，便是他所以为的救命稻草。可稻草们的心思，是向着他们岳父的，元钦又岂能成功？

"宇文相魏，亦置武卫将军以掌宿卫，而卢辩所定九命无其官，此盖犹在卢辩定官之前，以武卫授诸婿。"胡三省在《资治通鉴注》中如是说。其实，一直以来，宇文泰都让女婿等心腹充任武卫将军，以统领禁军监管皇帝，就算元钦不曾找连襟发动政变，也避不过宇文泰的耳目。

怎么处理这个皇帝女婿？宇文泰没有太多犹豫，当年他敢弑杀元修，如今自然也能如法炮制。于是，当年二月，元钦就被软禁在了雍州，再过了两月，宇文泰送了他鸩酒。可怜宇文皇后，生无可恋，随即殉情而死（有争议），即便是他们还有一个儿子。

元钦无谥号，史称"废帝"，废帝的儿子下落不明，在此无法妄加揣测，他会不会死于亲外公之手。总之，齐王元廓成了西魏的新皇帝——准确地说，宇文泰将其姓氏改还为"拓拔"，他该叫做"拓拔廓"。

在元钦被鸩杀之前，拓拔廓大宴群臣。

在宴席上，独孤信昔日的老部下柳虬，竟然在大家酒酣耳热之际，起身质问宇文泰，废帝元钦是先皇托付于他的，他受此重托，又居辅政大臣之位，还是元钦的岳丈，为何没有把对方教育成材，致其废黜。宇文泰闻言并未置气，反而让太常卢辩代念诰

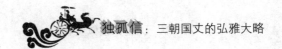

文，说他辜负了先皇美意，罪责难逃，早就想做自我检讨了。

宇文泰的用意不难明白，无非是做做样子，柳虬的这番质问之辞，本质上是内蕴了开脱之意。想想吧，这么一个位高权重的人，都善于自我批评，底下的人还好说什么？要说也只能说，不是园丁不努力，而是花儿不争气。

可是，问题来了，为什么是柳虬出面作引，而不是别人。原因很简单，以柳虬和独孤信过去的关系，群臣自然会以为，柳虬和宇文泰一个鼻孔出气，也就代表着独孤信和宇文泰一个鼻孔出气。不知道宴席之上的独孤信，当此情形会有多尴尬。

西魏官场上，有几人不知独孤信与宇文泰貌合神离，宇文泰这一记闷棍，敲得独孤信都无法作声，只能暗自惋叹元钦的命运。元钦死的这年，独孤信52岁。

这期间，有关独孤信从49岁到52岁的事迹，从他的列传里看来只有一条。那还是大统十七年（551年）时，49岁的独孤信次子独孤善，升任为骠骑大将军、开府仪同三司，加侍中，进爵长城郡公；第三子独孤穆进爵为金泉县公；第四子独孤藏进爵为武平县公。

想来，这应是元钦即位后，予以功臣的惯例性褒赏。而后三年，独孤信似乎消失在了历史前台。不知道，这是因为史料的缺漏，还是因为宇文泰的压制。

照各方情况分析，后者的可能性是极大的。

一是，这三年来，军事行动不少，为什么独孤信却没有露面的机会呢？比如，552年时八月间，王雄和宇文虬前去讨伐黄众宝的叛乱；再比如，553年三月，宇文泰讨伐吐谷浑可汗夸吕。

此外，534 年讨伐梁的军事行动里，也不见独孤信的英姿——于谨年长独孤信 9 岁，在拿下梁后，颇有乞骸骨退休之意，宇文泰都不允准，可想而知，他根本没想再重用独孤信。

二是，独孤信和宇文泰的矛盾，终于在恭帝三年（556 年）时爆发。由此事推想回来，不难看出，近年来，宇文泰应该是有意地稀释独孤信的影响力，召他入朝为官便出于此目的。

西魏恭帝三年（556 年）四月，宇文泰打算北巡。之前，他想确立好继承人。所有人都知道，能继承宇文泰家业的，只能是宇文毓。这不仅仅是因为他是嫡长子，他的身上交融着宇文氏与元氏的血脉；还因为宇文毓的岳父，是独孤信。

当然，古来皇家那套"立嫡不立长"的规矩，放在宇文家族里也一样，按说独孤信也不能有什么异议——宇文泰早就防着这一手了，不然，独孤信的女儿那么多，怎么也没见他让宇文觉来娶一个呢？

宇文觉未满 15 岁时，便遵从父命，娶尚晋安公主（元宝炬第五女）元胡摩。

然而，宇文泰相信，按照法统来说，独孤信口中虽然不好犯嘀咕，心里却绝对不会服气。于是，独孤信很快就被拽进了一场好戏中。戏中演员，红脸的是宇文泰，白脸的是李远。

【剧本】

第一幕——

时：556 年四月某日

地：宇文泰府邸（或办公场所）

人：宇文泰和独孤信、李远等文武臣子

[宇文泰扶额叹息，众臣异之。]

宇文泰：唉，吾老矣，一日无后嗣，一日难安枕。依法统而言，嫡子觉应为后嗣。只是，统万突（宇文毓）向来贤而多才，只怕大司马（正月里刚封的）独孤公会多心……

[众臣面面相觑，不敢轻易表态，室内沉默得落针可闻。独孤信面色冷峻，不置一词。突然，尚书左仆射李远出列。]

李　远：（声色俱厉）古来，"立子以嫡不以长"便是常理，不立略阳公为嗣，当立何人？宇文公何须多虑！（转首向独孤信）如担心大司马不从，请让我代为斩之！

[李远就势拔刀而出，其声铿然。独孤信瞥他一眼，仍然不置一词，倒是众臣被骇了一跳，不知如何是好。]

宇文泰：（急忙起身，佯怒）休得无礼！同为股肱，何至于此！

独孤信：（就坡下驴，了然一笑）略阳公当为嗣，某并无异议。

[李远收剑归列，面带歉色地向独孤信点头致意。]

众　臣：（纷纷附议）左仆射所言极是，略阳公当为宇文公之嗣。

第二幕——

时：散会之后

地：私下场合

人：独孤信、李远

[李远主动找到独孤信。]

李　远：（再拜，语气诚恳）独孤公啊，适才多有冒犯，其实，你我多年同侪之谊，我又何忍？然兹事体大，不得已而为之，望乞原宥。

独孤信：（呵呵一笑）今日事出突然，全赖李公才得以定下。李公大义为先，某佩服之至。

【剧终】

第二幕剧很短，因为独孤信根本不想跟李远多说话。

这个李远，和独孤信一样，都是与宇文泰的儿女亲家。他的儿子，正是那个出卖过元钦的李基。很显然，李远和儿子一样，一直坚定地站在宇文泰的这头。所以说，依靠联姻方式，宇文泰的身边，从来就不缺乏忠实的支持者。

评价一下红白两角。作为红脸，宇文泰始终坚持不正面与独孤信发生冲突，无疑是个演技派；而李远心思太多，既想立功又怕把独孤信得罪得太狠，于是，这白脸便唱得不彻底，演技也大打折扣。

起先，独孤信才不知这俩会演这一出呢，但事情临到头，却被强拽进剧中，哭也不是笑也不是，闹也不是怒也不是，所以，他只能平静以对——多年来，起落无定，人世浮沉，他早已学会了以风幡不动的心态，来应对突来的变故。

从一开始，独孤信便很清楚，自己所效忠的是元魏王朝，而不是宇文泰。虽然说，对于元钦之死，他无能为力，但只要魏室还后继有人，一切就没到最坏的地步。

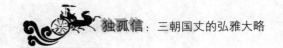

招杨坚为婿，是最明智的决定

就在宇文泰与独孤信矛盾激化的当年，宇文泰就病逝了。从四月北巡开始，到九月间在泾州（今甘肃泾川北）托孤于宇文护，不过才五个月而已。

突染重疾，病危床前的宇文泰对这个侄儿寄望甚厚，却哪里能预知，这个"史上屠龙第一人"会两度将屠刀对准他的儿子。然而，若无宇文护的助力，宇文家族未必能取西魏而代之，甚至未必能轻松应对包括皇室在内的其他家族的挑战。

一个以"挟天子以令诸侯"为手段的权臣家族，在极盛时如不能再进一步，便只能有一个结局——跌落云端，殒身成泥。毕竟，权臣很容易成为众矢之的，而且这世上也少见世袭几代的权臣。

十月间，宇文泰撒手而去，时年五十岁。当月，宇文护接掌了家族的权杖，宇文觉嗣位为太师、大冢宰，由宇文护辅政。待到北周王朝成立之后，被追尊为文皇帝，庙号为"太祖"。

此时，独孤信的心情，该是万分复杂的。一般来说，人过半百，争胜之心都会随着权欲的退潮，而逐渐淡去。想起少年时的亲密无间，想起青年时的惺惺相惜，想起中年时的猜忌提防，想起不久前的剑拔弩张，他不能不感慨人生无常，岁月无情。

这样的朋友再也不会有了，但人生还是要继续的。

他不会忘记，在大统十七年（551 年）那年三月，对自己倍加器重的皇帝驾崩了，过了两个月，八柱国里的陇西襄公李虎也过世了——他也是独孤信的亲家。那一年，侯景在两度扶立傀儡后，也彻底撕开了遮羞布，在十一月间废帝自立，国号为"汉"，改元"太始"。

然而，独孤信也看见，夺位弑君作恶多端的侯景，只不过当了半年皇帝，便被部将羊鹍杀死，其尸体被送至建康，引得军民争先而食，唯恐不及泄愤。等到他项上头颅被送到江陵，先是被煮，再是被漆，末了还放进武库里"作纪念"。

如同后来被强留于西魏的庾信所言，侯景"负其牛羊之力，肆其水草之性；非玉烛之能调，岂璇玑之可正？"光靠蛮力不足立世，只凭奸诈也不可立身，可是侯景他不懂，于是只能过把瘾就死——死无葬身之地。

废帝元年（552年），独孤信已到了"五十而知天命"的年纪。

四年前，他还只有五个儿子，如今膝下又添了两个儿子——第六子独孤陀，小儿子

独孤整。应该说，独孤信的庶长孙是独孤开远，但独孤信终其一生也没能与独孤罗会面，自然也没曾见过独孤开远了。

第二子独孤善是郭氏所生的。这个孩子，从小就特别聪颖，也和他父亲一样擅长骑射，自然得到父母的格外宠爱。而且，对于独孤信来说，他这算是晚年得子，因此很花了些心思来培养他。

蒙受父荫的独孤善，早就被封为魏宁县公。在元钦即位当年，便进爵为长安郡公。算算时间，如果独孤善成婚较早，这时

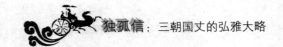

父亲独孤信应该是能够抱上孙子，在晚年时弄孙为乐的。这个孩子叫独孤览，后继承父嗣，仕至左候卫将军。

当然，独孤信的孩子们由于没见过独孤罗，他们也只把独孤善当做他们的大哥。在独孤善进爵的同时，独孤穆和独孤藏也分别是金泉县公和武平县公了。这几年来，他们都组建了自己的家庭，史有明载的是，独孤藏的夫人为贺兰氏，他有三个儿子，其中嗣子为独孤机。

独孤信的女儿们也都一一进入了婚龄，他也十分留心为她们择婿。其中，最值得说的，不外乎四女婿李昺（李昞）和七女婿杨坚。

前者，正是李虎的第三子。李虎的长子是李延伯，次子为李真，等到唐王朝建立之后，分别被追封为南阳公和谯王。至于李昺，在北周时担任安州总管、柱国大将军，袭封唐国公，到了唐朝时，更是被追尊为元皇帝，庙号世祖。

独孤信择婿眼光是极为精准的。

这个李昺（名字也作"昞"）虽非长子，但在李虎过世之前，李延伯早逝了，李真很可能是庶出，所以他自然而然地承袭为陇西郡公。李昺自小就被父亲调教成了文武全才，他使长枪，挽起弓来，也是百发百中。可以说，父亲的军功章上，也有他的一半。

李昺曾经在战场上救过宇文觉，也深得其看重。于是，独孤信越看李昺越喜欢，李虎与独孤信关系本来也不错，这事便这么成了。李昺很疼妻儿，后来在安州任职时，也时常将长子李渊带去同住。安州时有战事，不用说，生活在这种环境中，李渊将得到怎样的锻炼。

　　独孤信第四女嫁给李昺后，一共生了李澄、李湛、李洪、李渊和一个女儿，算是为李家开枝散叶了。作为母亲，当是极有成就感的。

　　至于七女婿杨坚，是在什么时候挑选的呢？应该说，这至少是在恭帝元廓三年（556 年）底，便已定好的事，所以，到了下一年年初，独孤伽罗和杨坚才能及时完婚。

　　从后事看来，这可以说是独孤信在择婿之事上，最明智的一次举动了。这年，独孤信 54 岁，杨忠 49 岁。他们是终生相好的老友，现在再做亲家，完全是自然而然的事。

　　还是在大统十年（544 年）时，崔氏便为独孤信生下了这个幺女。在极度崇佛的环境中，独孤信给女儿取了一个带有佛教色彩的名字。"伽罗"，梵语为"Tagara"，意思是香炉木、沉香木、奇楠香。独孤伽罗也是独孤信所有的女儿中，唯一有名留存的一个。

　　其母的出身，就决定了文化世族的烙痕也将深深地打在女儿的身上。史书中称独孤伽罗"雅好读书，识达今古"，并非虚言。更重要的是，知书达理的她，身上却没多少闺阁之气，反而有父亲那样英武豪迈的气质。

　　而这时 17 岁的杨坚，身为杨忠的嫡长子，从小就是天生异相，被认为非比寻常，又因从小是在寺庙中长大的缘故，显得格外沉稳大气。这种性格将助他在日后抗住所有压力，保护妻儿，最终建立伟业。

　　独孤信和杨忠都看对了眼，这便开始着手准备婚事了。然而，就在此时，宇文护也在策划着篡夺西魏政权的密事。

　　是的，高洋已篡国许久，宇文氏这头，不会一直按兵不动。宇

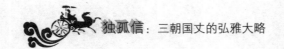

文泰的遗嘱里，应该对此也有交代，所以，宇文护再也等不住了。然而，篡国的事，有那么容易办成吗？

早在东魏建国后，邺城内外便逐渐流行起一首童谣："可怜青雀子，飞来邺城里。羽翮垂欲成，化作鹦鹉子。"这其中，青雀，喻指元善见；鹦鹉，暗指高欢。

宋玉在《风赋》中说："枳句来巢，空穴来风。其所托者然，则风气殊焉。"可以说，谣谶的产生，本是来自大环境。的确如此，到了元善见被高洋弑杀之后，这首童谣，就有了一个升级版，其间唱道："可怜青雀子，飞入邺城里。作巢犹未成，举头失乡里。寄言与父母，看好新妇子。"童谣里的讽刺意味是显见的。以民歌来作现实的反响，或是抗争，古来都不少见。

高欢自称他出身于渤海高氏，听起来很是不凡，但其实，即便他所说的这个出身没有造假，而他也只是个高门的破落子弟，始终是起于微贱，靠妻子（娄氏）发家的，那些强大的舆论的压力，他又如何扛得住？所以，满腔的热望只能寄托于子孙身上了。

西魏这头，宇文泰在生之时也不敢轻易禅代元氏，又是何故呢？思来，原因至少有三。

其一，在八柱国里，除了侯莫陈崇，无论是独孤信、于谨、赵贵、还是李虎，都比他年纪要大。虽说年龄不一定是硬伤，但就资历而言，宇文泰在整个武川军团中也不是最高的，这一点仅从当初贺拔胜的心态上便可窥见一斑。宇文泰有绝对的信心，可以让他们甘心屈膝为臣吗？未必。

其二，东魏迟迟未被灭掉，要保持舆论上的优势，宇文泰也不能轻易将西魏皇帝踢下御座去。而在关陇本地豪族没有彻底为之所用，梁势力没有被彻底铲除之前，他还得依靠这种舆论，理直气壮地管理内部，师出有名地蚕食梁。

其三，宇文泰死之前，庶长子宇文毓才及冠不久，嫡长子宇文觉就更小了。宇文泰要想禅代称帝，没有后继者怎么办？看看南朝宋那位刘裕吧，称帝才两年就驾崩了，太子刘义符还特别不争气，好在第三子刘义隆比较成器了，不然这个新王朝的命运，实在是不堪想象。

里里外外看来，时机都是不成熟的，宇文泰本人也是个务实派，所以泾州托孤时，只要回想这二十年来权力在手的滋味，应该也不会太遗憾。

舆论的强大的确是不可小觑的，这不，到了557年，宇文氏建立北周之时，民歌里就开始唱"狐非狐，貉非貉，焦梨狗子啮断索"了。这首《狐非狐歌》，说的是黑獭这种动物，既非狐，又非貉，最终还是把索奴（鲜卑统治者）的江山给夺了。

民歌里挖苦宇文氏可是一点都没客气，可想这事所获的风评到底有多差。同时，也可想见，宇文氏代魏，表面上没有太大波澜，实际上却是暗涌迭起，令宇文护忌心大生，日夜不能安枕。

终 章 赢得生前身后名

年　代：宇文觉元年（557年）——唐朝（618—907年）

皇　帝：北周孝闵帝宇文觉，明帝宇文毓，武帝宇文
　　　　邕，宣帝宇文赟，隋文帝杨坚，隋炀帝杨广，
　　　　唐高祖李渊，太宗李世民

年　龄：55岁

关键词：周代魏鼎，谋反内情，家室流离，隋唐盛世

被逼自尽，别有内情

557年正月初一，是个特别的日子。

出生于大统三年（537年），受齐王封于大统十四年（550年），登基于废帝三年（554年）的拓拔廓，早在上个月，就已十分识时务地走下了御座，将皇位禅让于宇文觉。西魏亡国，标志着北魏政权的完全终结。

从535年—556年，西魏以长安为都，共历两代三帝22年，终于还是亡国了。拓拔廓不是没有意识到，自己将"有幸"成为亡国之君，但他已回天乏术，不过是过一日挨一日罢了。

受禅即位的宇文觉，年仅15岁，定国号为"周"，史称"北周"。此后，南北朝的后三国时代，彻底没有东魏和西魏的位置，很快，北齐、北周与南陈（本年十月立国）的新一轮对峙，将迅

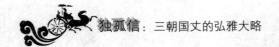

速而全面地展开。

出了元修和元钦这两个"不知好歹"的皇帝，宇文氏为了能成功易鼎，在这两年内可是做足了准备工作。虽说宇文泰也像从前一样专权干政，但他为了给自己壮腰杆，便逼迫元廓恢复原姓"拓跋"，还令一众鲜卑官员恢复旧姓，这释放出宇文泰否定孝文改制的讯息。

此举大有开历史倒车之嫌。

这还没算完，宇文泰又在恭帝三年（556 年）正月初一，尊托《周礼》更定六官，其中，宇文泰自己领太师、大冢宰，李弼领太傅、大司徒，赵贵领太保、大宗伯，独孤信领大司马，于谨领大司寇，侯莫陈崇领大司空。

这一幕似乎很熟悉，我们嗅到了王莽托《周礼》改制的气息，但不同于王莽改制的是，王莽只是一味照搬《周礼》之制，来全面推行币制、官制、田制等方面的改革，很少考虑现实情况，反而令吏民们无所适从，激化了社会矛盾。但宇文泰则不是，他不过是挂了周礼的牌子，来争取汉人的舆论支持。

不只在当时，即便到了宇文觉即位时，都体现出浓厚的复古色彩，宇文觉不称皇帝，而叫"天王"，正妃元胡摩也不称皇后，而叫做"王后"。

事实上，改制后，西魏中央机构虽行六官，但地方官制仍沿用汉制，对百姓生活没造成实质影响，再加上府兵系统的成功打造，以及之前攻破江陵，俘杀梁元帝萧绎的声望，宇文氏已有足够资历，让元氏下台。

所以，宇文氏并不是在开历史倒车，而是一边利用鲜卑旧俗羁縻胡人，一边利用周礼拉拢汉人，而在此举措下，宇文泰若要周代魏鼎，至少可以不用在官僚系统高层掀起大的地震——至于民间时评，暂且不管。

宇文护却不同。他不会忘记，他临危受孤后，还借助了于谨的当先表态，才让其他几个柱国、大将军的老前辈，默许他合法辅佐宇文觉的，如今改朝换代这么大的事，有没有人公开反对他，他心里可没底儿。

因此，他觉得他需要列出一份嫌疑人名单。在这名单之上，独孤信自然不会"落选"，连宇文泰都猜忌了他那么多年，更何况是刚站住脚跟的宇文护呢？但嫌疑归嫌疑，独孤信素来波澜不惊，行止从容，也没什么小辫子让宇文护立马揪住。

557 年，在北周这头，因为宇文觉的短视与短寿，而没有年号，但早些让宇文护亮出屠刀的人，还不是宇文觉。为了安抚重臣，大司马宇文护以天王的名义，任命李弼为太师，赵贵为太傅、大冢宰，独孤信为太保、大宗伯。

他很快发现，赵贵的眼神明显不对。这个道理不难想知，赵贵这是在给他摆谱，以恩人身份自居呢。想当年，如无赵贵的鼎力支持，只怕宇文泰没那么容易赢得压倒性票数，顺利接掌关中派系。不过，赵贵的异样眼神仅因此故吗？宇文护再作思忖，不免打了个寒噤——楚公赵贵与元氏有姻亲！

这两条理由加在一起，便注定了赵贵即便没有什么大的动作，迟早也会被扣上"谋反"的帽子押赴刑场——世上哪里有比"谋反"更好的杀人理由，只不过，最深层的理由不必为外人道而已。

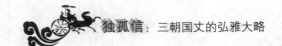

事实上，赵贵的确想谋反，而谋反的目的并不是为了除掉宇文护，而是为了复辟。这是一件大事，要干大事自然要多拉几个合伙人，再三斟酌之后，赵贵将目光投向了独孤信。

他最近在忙什么呢？忙喜事，幺女独孤伽罗和杨坚的喜事。在北周建立那个月，独孤信只忙着高调办婚事，低调做新臣。可是，赵贵不相信，他的心情，会因他身为大司马、进封为卫国公、邑万户的既得利益，而丝毫不生波澜。

二月间，赵贵私下拜访了独孤信。说起宇文护来，赵贵义愤填膺，独孤信连连叹息。

他与宇文氏的矛盾由来已久，因为自己的韬光养晦，宇文泰也不想把那同穿裤子的情分给彻底撕碎，于是这些年就这么哼哼哈哈地过了，但他和宇文护却没这样的交情。

为了巩固宇文氏的统治，宇文护很有可能会对他下手。从独孤信被加封为尚书令，征召入朝开始，他便已逐渐被宇文泰雪藏，如果现在还要让步，恐怕会被逼到墙角去。

独孤信与赵贵的相似之处在于，他们都打心眼里瞧不起官二代宇文护，并都是元氏的忠实拥护者；而他们的不同之处却在于，赵贵的功利之心更为急切，独孤信却由来做事稳慎，不愿打无准备之仗。

一生中，独孤信曾受过多次恩赏，但这些都来自于他所效忠的元氏，如今魏祚不存，他的心里怎么会好受？但他看看自己手头的兵力，只能苦笑一声，劝赵贵不要着急。

没错，和所有想要钳制元勋势力的掌权人一样，宇文泰早在建立府兵系统时，便做了周密的部署。当然，这部署并不只是为了防备独孤信生事，搞出半独立王国，他在防备所有的人。

他是怎么做到呢？别忘了，柱国虽有八位，但实际统兵者却只有六位，其下还各有二位大将军，以辅佐之名实行监督分权之事。然而，这还不够，作为最先成为柱国大将军，并兼任都督中外诸军事的宇文泰，他可以纲乾独断地越过任何一个柱国将军，直接调派对方的兵马，慢慢地，"柱国将军"一称，已是名胜于实。

再加上宇文泰也严控了禁军，所以，整个西魏的兵权都已被他牢牢攥住，想要谋图他的性命他的家族，哪有那么容易？可以说，除了声望以外，宇文护从宇文泰那里继承了他的一切权力，这其中自然也有兵权。

独孤信最拎得清自己的分量，因此没有一口答应赵贵谋反。他也明白，既然赵贵会找到他，别人也未必看不出他对北周朝廷的不满，多少双绿森森的眼睛盯着他，他能在兵力不足的情况下，贸然与赵贵合作么？

赵贵回去了，对于独孤信的态度他并不满意，但那谋反的想法在心中拱得他实在难受，他便也顾不得自己是鸡蛋还是石头，就谋划着要去碰宇文氏这座小山。

这就惹出大祸了！

宇文护本来就对赵贵、独孤信看得紧，又加上开府仪同三司宇文盛，不知从哪里得闻赵贵将反的消息，这岂不正中下怀——霍霍磨刀多时，杀鸡儆猴的戏，总算有人肯出演了。

这月十八日，赵贵上朝，毫无意外地被宇文护诛杀了。然而，独孤信没有谋反的举动，该用什么罪来治他呢？欲加之罪，何患无

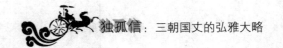

辞，无论说他是"同谋"，还是"知情不报"，都不成问题。

祸从天降，独孤信被罢去了一切官职。这无疑是人生中的一个低谷，这一生啊，他曾攀上很多个高峰，而高峰之间的低谷也不少，比如，他曾被强逼入了义军，他曾南下流亡，他曾无力于赎迎自己的家小，他曾被昔日好友不断猜忌……

然而，这一次却不一样，因为宇文护思量之后，给他扣上了谋反的罪名，并很快杀害了已被废黜的西魏末帝。独孤信知道，宇文护害怕有人会利用拓拔廓搞复辟，因此，那人会放过自己吗？

很快，宇文护决定对高层官僚来一次大换血——于谨为太傅，大宗伯侯莫陈崇为太保，晋公宇文护为大冢宰，柱国贺兰祥为大司马，高阳公达奚武为大司寇。

最后的噩耗来得并不晚，三月初十这日，宇文护送来了鸩酒。

远的不说，只说在这个西魏境内，被鸩酒所杀的人，便有元修、元钦等人，如今同途同归，会不会是冥冥之中早就注定的安排？是的，他们是同途之人，君臣名分虽不同，可他们的初衷，都是能将魏祚延续下去，哪怕多一天都好。

面对鸩酒，独孤信不能选择不死。宇文护没有像对付赵贵那样对付他，很显然是对他的威望，还有所顾忌。这其实也是在暗示他，只要他肯安静地死去，独孤家族就算被牵连，却不致覆灭。因为，独孤信只是个"从犯"，何况他还有个女婿是宇文毓，何况独孤家族的势力还很强大。

饮下鸩酒的那刻，前尘往事皆如烟景，漫漶在眼前。从呱呱坠地于北魏末世，到立身显名于三国舞台，他所经历过的悲喜荣辱，并不是史笔所能尽述的。比起铁血乱世里那些孱弱凄苦的大众来说，他到底曾经长缨在手，叱咤风云地走过，不曾碌碌无为，死有何憾？

茌苒已是一生，但千年之后，依然有人记得，世上只此三朝国丈，人间曾有侧帽儿郎。

缔造北周、隋唐霸业的后人们

【志盖】佚

【铭文】周故柱国大将军雍州刺史河内戾公墓志。曾祖有居斤。曾祖母贺兰氏。祖初豆伐。祖母达奚氏。父者，使持节司空公冀州刺史。母费连氏，长乐郡君。公姓独孤，讳信，字期弥头，河南洛阳人。以周之元年岁维星纪三月已酉薨於长

——周故柱国大将军雍州刺史河内戾公墓志（元年四月壬申）

安。时年五十四。谥曰戾。四月壬申葬于石安之北原。惧陵谷之贸迁，故刊石而志焉。妻如罗氏，广阳郡君。长息善，字弩引，使持节骠骑大将军开府仪同三司河州刺史长城郡开国公。第二息藏，字拔臣，武平县开国公。第三息震，字毗贺周。

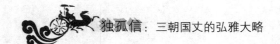

　　独孤信落葬时，谥号为"戾"，《谥法》说"不悔前过曰戾"，这是个恶谥，可以看作宇文护对独孤信的"惩治"；但以谋反罪名而论的话，独孤家族没有被赶尽杀绝，也是出于独孤信多年来的辛苦经营。

　　自此以后，独孤家族暂时退出权力中心，除了独孤伽罗因受丈夫的保护而免罪之外，独孤信的妻儿几乎都被流放蜀地，或是罢黜在家。让人意想不到的是，独孤家族在北周这头遭逢此难，北齐那头的独孤罗，却迎来了人生中的转折。

　　被幽禁了二十来年，终于被北齐释放了，这自然是好事，但他此生再也见不到父亲了，这是幸还是不幸呢？早先，祖父母和母亲都已故去，想到将来的人生，眼前便是一片灰暗。由于较为缺乏谋生技能，又短衣少食，独孤罗寄居于中山的生活，生计维艰。

　　所幸，北齐的将领独孤永业因为顾念独孤罗和自己的祖辈们同属独孤部落，主动为他购买了宅地。这对于独孤罗来说，已是意想不到的惊喜，更大的惊喜还在后头。建德六年（577 年）时，昏暴之君频出的北齐，终亡于北周之手，而独孤罗的幺妹独孤伽罗赶来与他相认。

　　当然，不是所有的人，都将独孤罗当个宝。在他被接回到长安之前，独孤善已盛年而逝，独孤穆现在就是嫡子中的老大了，兄弟们自然团结在他周围。多年贫困生活在独孤罗身上打上的烙印，还有他尴尬的"长子"地位，无不是弟弟们轻视他的理由。

　　独孤伽罗却格外尊重大哥，在杨坚建隋代周后，努力为他争取嫡子的地位。最后，独孤罗袭爵为赵国公，独孤善被封为河内郡公，独孤穆被封金泉县公，独孤藏被封武平县公，独孤陀被封武喜县公。

终隋一朝，独孤罗都尊荣无比，不断被加官晋爵，死后，还得到隋文帝派遣官员致祭的待遇，谥号为"德"，由独孤纂嗣位。独孤罗的弟弟们，也都各有自己的悲喜人生。

独孤善被追赠为使持节、柱国、定赵沧瀛五州诸军事、定州刺史等特殊荣宠，其子独孤览曾担任左侯卫将军等职。

独孤藏任隆山太守，儿子独孤机为滕国公、沧州刺史，在隋末动乱中，为王世充所杀，其子修法，育有一子独孤谌（谋），后来做了唐朝安康公主的驸马。

独孤陀不太争气。按说，他在蜀地过了 17 年艰辛的生活，应该更懂得珍惜，可身为隋朝高官的他，竟然因贪求财物，用猫鬼巫蛊对姐姐独孤伽罗施咒。若不是姐姐和弟弟独孤整为他再三哀求，他已经被赐死在家中了。被除名为庶人之后，独孤陀郁闷离世，等到隋炀帝登基之后，他被追赠为银青光禄大夫。

独孤信的小儿子独孤整，最后官至幽州刺史，死后被追赠为金紫光禄大夫，平乡侯。他的儿子独孤怀恩，比他更为出名，这大概是因为，他死于李渊之手——他奉李渊之命攻打蒲坂，很不顺利，受到责备后，越想越生气，索性谋划反叛。

至于独孤信的女儿中，史有明载的只有三个。

他的长女为北周明敬皇后。杀过三任皇帝的宇文护号称"第一屠龙手"，就在他逼死独孤信之后不久，"不听话"的宇文觉也被他毒杀了。他一边奉立宇文毓为帝，一边防备独孤家族势力的复燃，坚决不允宇文毓立独孤氏为后。不过，宇文毓却执着得

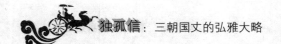

很，最终宇文护还是松了口，独孤氏成为了丈夫的王后。可是，杀父之仇本来就让她对宇文护恨得咬牙切齿，天王宇文毓又仍受到那人的钳制，这让她极为忧愤，以至于早逝。宇文毓遗憾不已，后来追封她为皇后，终生不曾立后。

可惜的是，才德兼备的宇文毓，在位也不足五年。宇文护意识到宇文毓准备集权，便命令膳部下大夫李安投毒于他。宇文毓死前极为清醒，口授遗诏传位于四弟鲁国公宇文邕。之所以如此，是因为他知道他这个弟弟，城府极深善于韬光养晦。他果然没看错人，宇文邕忍耐了 13 年，到底还是替哥哥们报了仇。他便是历史上"三武灭佛"的主角北周武帝。"三武"是说北魏太武帝、北周武帝、唐武宗。

不过，遗憾的是，这样一位英主，却不够长寿，否则，很可能宇文邕的历史功绩，将不仅仅是"消灭北齐"，而是统一南北。宇文邕的继承人宣帝宇文赟，是个瞎折腾的叛逆子，北周的命运也就急转直下了。统一南北的目标，最后让杨坚实现了，而在此之前，宇文氏遭遇了对方的血洗。

清代史学家赵翼评价道："古来得天下之易未有如隋文帝者。"杨坚的女儿是宣帝宇文赟的皇后，他利用这个身份，从北周年幼的皇帝头上取走皇冠，虽然之前有诛戮北周宗室的行动，但总体上看可谓和平夺权。即位后的杨坚大开杀戒，将北周皇室几乎灭门。虽说在美国学者迈克尔·所罗列的影响人类历史进程的 100 名人排行榜中，杨坚位列第 82 位，可谓对中国和东亚政局发生过巨大影响的人，但不可否认的是，屠杀北周皇族是他的一个污点。不过，独孤家族也正是在隋朝才得以彻底平反，重新兴

204

盛起来，世事的纷纭复杂，是非对错，全看后人从什么角度去进行评价。

独孤信的幺女独孤伽罗，谥号为"文献"，她一共给杨坚生下了五子五女——杨勇（妻元氏，元孝矩女）、杨广（妻萧氏、西梁萧岿女）、杨俊（妻崔氏）、杨秀、杨谅，和杨丽华（夫宇文赟）、襄国公主（夫李长雅）、广平公主、兰陵公主（夫王奉孝、柳述）。

十个兄妹，一母同胞，这在历史上是极为罕见的；更为奇特的是，杨坚没有一个异生子，据说是因为，当初二人结缡之时，便已许过愿望，誓无异生之子，永不变心。事实上，在这五十年来，二人的摩擦也不断升级，甚至到过白热化的程度，但这样的皇家夫妻，也是过去的年代里绝无仅有的了。

仁寿二年（602 年）八月，独孤伽罗崩逝，杨坚营造了佛寺为其祈福，临终前仍希望与其"魂其有知，当地下相会"。两年后，杨坚也去了，谥号为"文"，帝后合葬于太陵。

独孤信的四女儿，很可能是出自于独孤信的妾室，但这不妨碍她和丈夫李昞恩爱一世。在大唐建国之后，独孤氏被追封为元贞皇后。在李澄、李湛（子李博义、李奉慈）、李洪、李渊这几个孩子当中，无疑是李渊为她与李昞赢得了身后之名。

后来，李渊雀屏中选，娶了窦氏（被追为太穆窦皇后），李建成、李世民、李元霸、李元吉、平阳公主等子女的传奇故事，也在隋末唐初，浓墨重彩地铺开了。

"有唐一代三百年间其统治阶级之变迁升降，即是宇文泰'关中本位政策'所鸠合集团之兴衰及其分化。盖宇文泰当日融

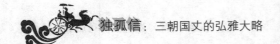

冶关陇集团胡汉民族之有武力才智者，以创霸业；而隋唐继其遗产，又扩充之。其皇室及佐命大臣大都西魏以来此关陇集团中人物，所谓八大柱国即其代表也。"陈寅恪在《唐代政治史述论稿》中有过这样的阐述。

对于李唐政权来说，"皇室与其将相大臣几全出于同一系统之阶级，故李氏据帝位，主其轴心，其他诸族入则为相，出则为将，自无文武分途之事"，这种情形直到武则天时期，才告终结。原因很简单，武则天的母亲虽然出身于隋代宗室，但父系一边的武氏却是地方小姓出身，虽然很早追随李渊起兵，但是根基太浅，不属于关陇集团内；隋文帝、炀帝父子重用过一些不属于关陇集团的重臣，如文帝时期的"四贵"与炀帝时期的"五贵"中的部分人就出自这个集团之外；还有就是高宗和武则天夫妇采取过一些打击关陇集团的措施，如在皇后问题上废王立武、铲除辅政的长孙无忌、继续发展隋文帝创立的科举制等；再加上这 150 年来，此集团已日趋腐朽，从隋文帝到武则天时代的皇帝们又普遍振作有为，不断加强皇权，这些集团日渐缺少左右政局的声望和能力了。

大约到了唐代天宝年间，独孤信被后人追封为梁王，这个从《崔府君夫人河南独孤氏墓志》和《阆中太守独孤挺墓志》中可以看出端倪。其墓主分别是独孤罗和独孤藏的后人。后者说："八子（应为七子）列侯，三代为后，功业备彰于国史，勋荣尽载于家牒。梁王生高祖藏，隋室武平公。"这一日，距离杨坚"追赠信父库者使持节、太尉、上柱国、定恒沧瀛平燕六州诸军事、定州刺史，封赵国公，邑一万户"，又过去 160 余年了。

有较为可靠的资料表明，关陇军事贵族集团虽已成为历史陈迹，但至少独孤家族的后人，直至宋时都仍有迹可循。如今，鲜卑族作为一个民族实体早已无存，独孤家族亦是如此，但对于这样一群挥斥方遒，壮志凌云的人，我们应致以最深的敬意。

史曰："今（唐）之称门阀者，咸推八柱国家。当时荣盛，莫与为比。"他们曾创造过西魏、北周、隋、唐四朝的辉煌历史，无论如何都不该被后世遗忘。

且以隋文帝杨坚即位时对岳父独孤信的评价作结："故使持节、柱国、河内郡开国公信，风宇高旷，独秀生人，睿哲居宗，清猷映世。宏谟长策，道著于弼谐；纬义经仁，事深于拯济。方当宣风廊庙，亮采台阶，而世属艰危，功高弗赏。眷言令范，事切于心。"

附　录

泰 州

附录一　独孤信年谱

【503 年（景明四年），独孤如愿 1 岁。】

北魏宣武帝元恪在位第四年，萧宝寅请求讨伐梁朝。在任城王元澄的建议下，调发冀、定、瀛、相、并、济六州兵马，会和于淮南会合，抵御梁。北魏将盐池之利重新收归国有。彭城王元勰升任为太师。宣武帝削减沃野镇将。

独孤信生于原代郡武川镇，本名为"如愿"，鲜卑字"期弥头"。其具体出生时间，及兄弟姊妹情况不详。先祖为伏留屯，祖父俟尼在北魏第五位皇帝文成帝拓跋濬和平年间（460—465年），镇守武川（今内蒙古武川县），并安家立户。独孤如愿父亲为独孤库者，曾担任过领民酋长；其母为费连氏。

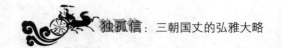

另外，梁简文帝萧纲，乱臣侯景，陈武帝陈霸先，都在当年出生。

【504—523 年（正光四年），独孤如愿 2—21 岁的事迹阙载。】

北魏宣武帝扩建新都洛阳，巩固了孝文帝元宏的改革，攻占梁扬州、荆州、益州一些领土，国势极盛极，但内政已乱，元禧、元详、元雍、元琛、元晖都不是善茬，外戚高肇专权后，朝廷更加腐败，导致京兆王元愉谋反，一代贤王元勰被诬杀。统治末年，义军四起。

515 年，北魏孝明帝元诩（元恪的第二子）继位，生母胡太后乱政。516 年，胡太后造永宁寺。北魏在统一北方后，柔然势力渐衰，六镇的军事政治地位也逐渐变低，孝文帝改革后，六镇镇将被排斥于门阀之外，与中央抗衡于文化等诸多层面。

六镇问题日益突出，胡太后对此不够在意，赈恤粮款也不多。正光四年（523 年），柔然在六镇烧杀抢掠，四月，怀荒镇军民强抢官府粮仓，并杀镇将于景。

不久后，沃野镇民破六韩拔陵杀镇将，改元"真王"。六镇军民云集响应，愤然起兵。破六韩拔陵的别帅卫可孤，意图围武川、占怀朔。北魏几度易帅，但战况并不理想。

怀朔镇将杨钧，命武川豪强贺拔度拔及其子贺拔允、贺拔胜、贺拔岳为统军，率众抵抗。

独孤如愿比宇文泰大 5 岁（有争议），为总角之交，《北史》中称，宇文泰"与信乡里，少相友善"。

【524 年（正光五年），独孤如愿 22 岁。】

【三月】破六韩拔陵自称"真王"，北魏派遣元彧镇压。卫可孤拿下怀朔，俘虏贺拔度拔父子。

【五月】破六韩拔陵在五原攻破元彧。北魏以李崇为北讨大都督。

【八月】东西两部高车（敕勒），背叛北魏，依附破六韩拔陵，义军势力更大。孝明帝改镇为州，旨在安抚镇民。秀容契胡酋长尔朱荣镇压了秀容叛乱，深获孝明帝信任。

【十月】独孤如愿和宇文泰之父宇文肱等，联合贺拔度拔父子合谋，合谋袭杀将准备攻入武川的卫可孤。

【525 年（孝昌元年）——526 年，独孤如愿 23—24 岁。】

【525 年二月】胡太后联合孝明帝发动政变，请求柔然出兵平叛。柔然首领阿那瑰前往沃野镇，大败六镇军。北魏也派元琛率军自平城出发，进攻怀朔。

【六月】元琛分化并招降义军，其后大破六韩拔陵。孝明帝将俘虏安置在河北三州瀛、冀、定三州就食后，改元为"孝昌"。

【八月】河北三州逢灾年，六镇军民只能逃亡。柔玄镇兵杜洛周众在上谷起兵，仍号为"真王"。

【十二月】杜洛周在黄瓜堆，击败魏将斛律金。

【526 年正月】葛荣追随六镇流民首领鲜于修礼，在定州起兵，改元鲁兴。

【七月】杜洛周败于魏将常景之手，杜洛周也在范阳受挫。

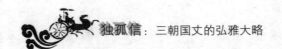

独孤信：三朝国丈的弘雅大略

【八月】鲜于修礼所部发生内乱，葛荣最终获利。葛荣攻陷中山，将独孤如愿和赵贵搜出，收为己用。此前，独孤如愿已避地中山两年，娶第一任夫人如罗氏，并结识赵贵。同期，宇文泰与其父，追随鲜于修礼，宇文肱阵亡后不久，宇文泰随葛荣。

【九月】葛荣自称天子，改国号为"齐"，改元"广安"。葛荣先后杀魏将元融、元琛。

【527年（孝昌三年），独孤如愿25岁。】

【正月】葛荣杀崔楷，围攻冀州。孝明帝欲亲征讨伐，未果。

【三月】葛荣围困信都，魏将源子邕为北讨大都督。梁武帝出家，三日后回宫。

【四月】萧宝寅战败，孝明帝黜其为庶人不久后，又起用为西讨大都督，从潼关以西都受他的指挥调遣。

【七月】魏将元鉴投降了葛荣。北魏大赦天下。

【八月】元鉴被斩杀，传首于洛阳。北魏派源子邕、裴衍讨伐葛荣。

【九月】梁陈庆之力战北魏。萧宝寅在泾州兵败后，杀郦道元，自称齐帝，改年号为"隆绪"。

【十一月】葛荣围攻信都，赦免了元孚兄弟。

【十二月】魏将源子邕和裴衍战亡于葛荣之手。葛荣攻打相州，不果。

【当年】独孤如愿"既少年，自修饰服章，军中号为独孤郎"。

【528 年（武泰元年），独孤如愿 26 岁。】

【正月】北魏改元"武泰"。葛荣攻下冀、定、瀛三州。

【二月】葛荣杀杜洛周，兼并其部众。胡太后毒杀孝明帝，让皇女冒充皇子，立为皇帝，其后又立 3 岁的元钊为帝。

【三月】葛荣攻下沧州，拥燕、幽、冀、定、瀛、殷、沧七州，南围邺城，西逼并州、

肆州。自称天子，建号为"齐"，改元"广安"。

【四月】尔朱荣立元子攸为帝，史称"孝庄帝"，改元"建义"。尔朱荣溺死胡太后和幼帝元钊，并在河阴县屠杀北魏王公百官 2000 余人。司空元钦（与西魏皇帝重名）等人遇害。史称"河阴之变"。汝南王元悦、临淮王元彧、北海王元颢先后投奔梁。

【七月】北魏大赦，改元"永安"。

【九月】尔朱荣打败葛荣，收编独孤如愿和宇文泰等人。独孤如愿在尔朱荣座前任别将，宇文泰为在贺拔岳麾下当差。

【十月】葛荣在洛阳被斩首示众。

【十二月】尔朱荣任命贺拔胜为大都督，带独孤如愿等人前去镇守中山。独孤如愿单挑渔阳王袁肆周，一战成名，被尔朱荣授为员外散骑侍郎。不久后，尔朱荣迁升独孤如愿为骁骑将军，命他去镇守滏口。

【当年】陈孝宣帝陈顼出生。

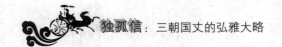

【529 年（永安二年），独孤如愿 27 岁。】

【正月】汝南王元悦回到北魏。

【四月】北海王元颢，在梁陈庆之的协助下，意图回洛阳争权。

【五月前后】独孤如愿被尔朱荣召回洛阳援战。

【六月】尔朱荣派独孤如愿为前驱，以赵贵为别将。独孤如愿与元颢党羽在河北交战，击破叛军，被授予"安南将军"称号，赐爵为"爰德县侯"。赵贵也加官晋爵。尔朱荣的同族兄弟尔朱度律，将杨忠（隋文帝杨坚之父）从俘虏中提拔出来，杨忠后来与独孤如愿结为至交和儿女亲家。

【七月】孝庄帝重回宫中。北魏孝庄帝开始铸"永安"五铢钱。

【九月】梁武帝再次出家，群臣以钱赎之。

【530 年（永安三年，建明元年），独孤如愿 28 岁。】

【二月】尔朱天光领贺拔岳、侯莫陈悦共伐万俟丑奴。

【四月】尔朱天光进逼高平，城中人抓住萧宝夤献俘。北魏平定关中，大赦天下。三四月之间，独孤如愿被派往荆州，担任新野镇将兼郡守。

【六月】梁武帝封北魏汝南王元悦为魏王。

【七月】三秦、河、渭、瓜、凉、鄯等州降魏。尔朱天光平定了秦州、南秦州的叛乱。贺拔岳进入关内，宇文泰从之，对关陇百姓多有抚慰。

【九月】孝庄帝元子攸骗杀尔朱荣。

【十月】尔朱兆拥立长广王元晔为帝，火速杀进洛阳，于晋阳三级佛寺内勒死元子攸。

【531 年（普泰元年，中兴元年），独孤如愿 29 岁。】

【二月】尔朱世隆、尔朱度律另立广陵惠王元羽之子元恭为帝，将元晔降为东海王，改"建明二年"为"普泰元年"。尔朱氏族内部矛盾丛生。

【四月】梁昭明太子萧统去世。北魏以高欢为大都督、东道大行台、冀州刺史。

北魏诏令有司不得再称梁为"伪梁"。

【六月】六月，高欢兴兵讨逆。

【十月】高欢立勃海太守元朗为皇帝。

【当年】独孤如愿又迁为荆州防城大都督，带南乡守。频典二部，皆有声绩。又转荆州新野镇将，带新野郡守，与析阳郡守韦孝宽"情好款密，政术俱美，荆部吏人号为'连璧'。"

【532 年（中兴二年，太昌元年，永兴元年，永熙元年），独孤如愿 30 岁（事迹阙载）。】

【二月】薛法护奉旨护送魏王元悦回返洛阳。高欢以地道战智取邺城。

【三月】节闵帝纳尔朱兆女为后。斛斯椿献计于贺拔胜，设法对付尔朱氏。贺拔胜和徐州刺史杜德阵前降高欢。高欢基本铲除尔朱氏，在汝南王元悦和平阳王元修中，选择立后者为帝，废

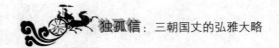

元晔、元朗。

【五月】高欢毒杀节闵帝元恭，以南阳王元宝炬为太尉，但元宝炬因痛打高隆之（高欢义弟）之故，暂时贬黜为骠骑大将军。

【七月】元修以元宝炬为太尉。高欢在晋阳建了大丞相府，遥控中央。

【十一月】元修杀安定王元朗、东海王元晔。

【十二月】元修杀汝南王元悦，改元"永熙"。

【533 年（永熙二年），独孤如愿 31 岁。】

【正月】慕容绍宗投降于高欢。斛斯椿、元宝炬、王思政等劝说元修密除高欢。元修增内都督部曲和值勤侍卫，并拉拢贺拔胜、贺拔岳。

【三月】元修除去高乾，其弟高敖曹和哥哥高慎躲过一劫，决心效忠高欢。元宝炬升任为太保。

【五月前后】宇文泰自告奋勇，向贺拔岳请求出使晋阳。两位枭雄初次会面，宇文泰不为所用，高欢追之莫及。宇文泰献策于贺拔岳，辅助魏室。宇文泰赴洛朝帝，被加封为武卫将军。

【八月】，孝武帝任命贺拔岳为都督雍、华等二十州诸军事及雍州刺史，还割破心口前的皮肉，取血以赠贺拔岳。贺拔岳西进，驻于平凉，宇文泰被推选为夏州刺史。

【当年】贺拔胜坐镇于荆州，以独孤如愿为大都督。十二月间，独孤如愿随贺拔胜攻占梁下溠戍，并生擒其戍主尹道珍，迁武卫将军。独孤如愿之妻如罗氏有孕。

【534 年（永熙三年），独孤如愿 32 岁。】

【正月】高欢袭击纥豆陵伊利，将之徙于五原河以东地区。北魏大赦天下。永宁寺佛塔失火，被视为恶兆。

【二月】贺拔岳为侯莫陈悦的女婿元洪景所杀。赵贵等人拥护宇文泰接管贺拔岳队伍，李虎悄悄赶去通知贺拔胜。

【三月】高欢派侯景等人与宇文泰争权，不果。贺拔胜命独孤如愿前去接管贺拔岳军团，但他发现宇文泰已势大，不欲相争。宇文泰便让独孤如愿入洛，将情况报奏给元修。独孤如愿到达雍州，元修派来的使者元毗，又令其暂还荆州。

【四月】侯莫陈悦兵败于宇文泰，自杀。元修征独孤如愿入朝，并委以重任（推算时间）。

【五月】元修以讨伐梁为借口征兵。

【六月】元修诡称宇文泰、贺拔胜要造反，被高欢识破。独孤如愿长子独孤罗至少在此月前出生，半生坎坷，后为隋朝蜀国公。

【七月】元修仓皇出逃，直奔宇文泰。独孤如愿单骑跟随，自洛阳入关，元修赞道："武卫遂能辞父母，捐妻子从我，世乱识忠良，岂虚言哉！"赐其御马，并进爵为浮阳郡公，邑一千户。贺拔胜失荆州，南下投梁。

【八月——十二月】独孤如愿抵达长安，不久后，以乃武卫大将军、都督三荆州诸军事，兼尚书右仆射、东南道行台、大都督、荆州刺史的身份，奉旨前去招怀三荆的百姓。独孤如愿将宇文虬召为帐内都督，以杨忠等人为别将，击破田八能、张齐民

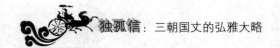

军，并擒东魏荆州刺史辛纂。凭借收复三荆之功，独孤如愿拜车骑大将军、仪同三司。

【闰十二月】宇文泰鸩杀元修。

【当年】宇文泰庶长子毓出生，母为姚夫人。宇文毓后为独孤如愿的大女婿，北周第二位皇帝。

【535 年（大统元年），独孤如愿 33 岁。】

【正月】初一，元宝炬登基为西魏皇帝，改年号为"大统"；梁武帝同日改年号为"大同"。初二，元宝炬晋升宇文泰为安定公；初八，元宝炬册立乙弗氏为皇后，长子元钦为皇太子。高澄与父高欢之妾通奸，险些被废去世子之位。

【二月】东魏征发百姓撤毁洛阳宫殿木材，运至邺城。宇文泰制订二十四条。上书得到文帝的批准后开始实行。

【三月前后】高敖曹与侯景等人进袭三荆地区，独孤如愿寡不敌众，只能带着杨忠、宇文虬等南下投梁。

【五月】宇文泰被加为"柱国大将军"。

【七月】元宝炬下诏，历数高欢二十条罪行，有声讨之意。高欢不甘示弱，以牙还牙。

【八月】赵刚劝说宇文泰，赎回贺拔胜、独孤如愿。

【536（大统二年），独孤如愿 34 岁（事迹阙载）。】

【七月】贺拔胜北归。

【八月】贺拔胜北归途中遇侯景等人截杀，本人无事。

【十二月】东魏遣使者与梁朝求和。

【当年】西魏的关中发生了大饥荒，死者十之七八，甚至出现食人惨剧。李昺（李昞）出生，是独孤如愿的四女婿，后被李渊尊为皇帝，庙号唐世祖，谥号元皇帝。

【537 年（大统三年），独孤如愿 35 岁。】

【正月】两魏间爆发"小关之战"，东魏败。

【三月】东魏迁北魏七帝神主入新庙，并大赦天下。

【五月】西魏以广陵王欣为太宰，贺拔胜为太师。

【六月】独孤如愿请求北归，梁武帝应允。独孤如愿执意回西魏，梁武帝赠之以礼。独孤信与杨忠上呈请罪的文书，西魏文帝下诏说："独孤如愿荆、襄之战，实有大功。既遇强敌，力尽道阻，不肯降贼，还朝无路，权宜之计，不足为错。避难江南，履顺入险，情义始终，实可赞叹。况且谦虚退让，诚心谢罪，如果只商议降恩免罪，则不合随势而宜、变通事理之道。可转任骠骑大将军，加侍中、开府衔，其使持节、仪同三司、浮阳郡公之官爵照旧。"此时，宇文泰将杨忠留在自己身边，此举可被视为分化荆州派的第一步。

【八月】宇文泰统率李弼、独孤如愿、梁御、赵贵、于谨、若干惠、怡峰、刘亮、王德、侯莫陈崇、李远、达奚武等十二将东伐。独孤如愿收复恒农，大破沙苑，故此改封河内郡公，增邑二千户。独孤如愿从俘虏中得知父亲的凶信。

【十月】冯翊王元季海与独孤如愿率领 2 万兵马入洛阳，归者如云，声望大增。此年，独孤如愿娶夫人郭氏（推算）。

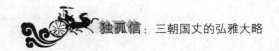

【538 年（大统四年），独孤如愿 36 岁。】

【正月】东魏侯景复取四州汾、颍、豫、广四州。

【三月】元宝炬无奈废后，娶柔然公主郁久闾氏为后。

【七月】东魏打算收复洛阳。独孤如愿被侯景、高敖曹等围于金墉城。

【八月】宇文泰进军瀍东，侯景解围，侯景北据河桥、南连邙山，掀起"河桥之战"。最终，西魏败，独孤如愿、李远等相继退兵。西魏又失关东、洛阳。关中大乱，宇文泰及时镇服。

【十二月】西魏再得襄、广以西。东魏高澄废除"停年格"，准备以新法选拔良吏。

【当年】宇文泰欲让柳虬入朝为官（挖独孤如愿的墙脚），被拒。

【539 年（大统五年），独孤如愿 37 岁（事迹阙载）。】

【正月】宇文泰在行台设学堂，选拔丞郎、府佐中德才兼备之人，命其白天办公，晚上在学堂听讲习。

【五月】孝静帝元宝炬册立高欢之女为后。

【十一月】宇文泰命周惠达等对散逸的礼乐制度加以整理。

【当年】南朝梁将领陈庆之逝世。

【540 年（大统六年），独孤如愿 38 岁。】

【二月】西魏铸造五铢钱。东魏侯景奉旨收复荆州。宇文泰派遣独孤如愿和李弼，前去增援。侯景迅速撤离，宇文泰命独孤如愿为大使，抚慰三荆。迫于柔然兴兵的压力，元宝炬赐死皇后，太子伤心不已。

【八月前后】郁久闾皇后难产而死，谥为"悼皇后"。柔然与西魏交恶。

【当年】为了提防独孤如愿在荆州坐大势力，下半年（推算），宇文泰以其为陇右十州大都督、秦州刺史。东魏高宾投于西魏，效力于独孤如愿帐下，其子高颎成为隋朝杰出的政治家、战略家。

【541 年（大统七年），独孤如愿 39 岁。】

【七月左右】宇文泰命苏绰作六条诏书，以改革政治。杨坚出生，后为隋文帝，独孤如愿的七女婿。

【九月】西魏颁行该诏书，宇文泰格外重视。

【十月】东魏颁行麟趾格。

【当年】独孤如愿治理陇右颇有佳绩，归附者众，被赐名为"信"。南洮州刺史、要安蕃王梁仚定反魏，独孤信奉旨镇压反军，被加授为太子太保。"侧帽风流"的故事，大概就发生在此年左右。

【542 年（大统八年），独孤信 40 岁（事迹阙载）。】

【年初】宇文泰把本籍于关中的，和流入关中的六镇军人，编成六军，自己担任全军统帅。

【十月】高欢包围玉壁，王思政力拒。太子元钦镇守蒲坂，宇文泰追赶撤兵的高欢，不及。

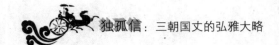

【十二月】元宝炬在华阴狩猎，张筵招待将士。宇文泰嫡子觉出生。

【543 年（西魏大统九年），独孤信 41 岁。】

【正月】东魏改元"武定"。

【二月】高仲密以继妻险被高澄非礼等因，占领虎牢反叛，降于西魏，引发两魏间邙山大战。战中形势多变，宇文泰（东魏彭乐所为）和高欢（西魏贺拔胜所为）二人都曾遇险。因为独孤信和赵贵等人召集了残兵突袭东魏追兵，宇文泰得以重返关中，驻扎在渭河边上，高欢放弃追击。东魏惨胜，西魏刚组建的六军受损严重，宇文泰请求降职，元宝炬不应。

【四月】清水郡的氐族酋长李鼠仁，趁着西魏元气大损，据地作乱，独孤信和宇文泰先后派遣部队攻打，不果。典签赵昶慑服了李鼠仁。

【六月前后】东魏收复了虎牢，侯景因功升任司空。

【七月】西魏大赦天下。

【十一月】高澄上书，请求解除侍中职务，二弟并州刺史、太原公高洋继任。宇文泰给予廉吏裴侠厚赏。

【当年】独孤信第四子独孤藏诞生，其为北周明敬皇后同母弟，母郭氏。后，八岁为武平县开国公，食邑一千九百户，任隆山太守，早逝于宣政元年（公元 578 年），时年 35 岁，有嗣。

【544 年（西魏大统十年），独孤信 42 岁。】

【三月】东魏高欢查点河北地区的户口，随即面君。高澄升任为大将军、领中书监，侍中高洋升任为左仆射。高澄逐渐树立威信，并将心腹崔季舒安插在孝静帝身边。梁武帝宴请兰陵的父老，发给赏钱。

【五月】宇文泰在长安朝拜文帝。高欢为泄愤，杀了贺拔胜的儿子，致其忧愤而死。

【七月】西魏改革度量衡制度，尚书苏绰将二十四条制度，增补为三十六条制度，以选贤举能，充任各级地方官。高澄推荐崔暹担任御史中尉，咸阳王元坦和"四贵"孙腾、司马子如、高岳、高隆之等人纷纷下马。梁大赦天下。

【十月】东魏落马的官员多数被重新起用，孙腾、高隆之出任括户大使，共增六十余万户人口。

【当年】独孤信第七女独孤伽罗诞生，其母出身于清河崔氏。独孤伽罗在557年嫁于杨忠长子杨坚，后为隋朝文献皇后。这时，独孤信已有六子，分别为独孤罗、独孤善、独孤穆、独孤藏、独孤顺、独孤陀；有七女，分别是长女（后被追封为明敬皇后）、第四女（后被追封为元贞皇后）、第七女独孤伽罗，其让女儿的事迹阙载。

【545年（西魏大统十一年），独孤信43岁（事迹阙载）。】

【二月】西魏与突厥通好。

【五月】东魏大赦天下。

【六月】宇文泰命苏绰写《大诰》，以此来革除词藻繁富的文风。宇文泰欲与柔然合兵攻打东魏。高欢在正妃娄氏的逊让下，娶柔然公主为正妻，与柔然再次建交。

【十月前后】梁颁诏，允许以钱抵罪。

【十二月】侯景升任为司徒。西魏在长安城南建造了圆丘，用以祭天。贺琛向梁武帝进谏，希望除旧布新，但不被接纳。宇文泰命河西大使申徽前往瓜州，制服作乱的邓彦。

【546 年（西魏大统十二年），独孤信 44 岁。】

【二月】西魏凉州前任刺史宇文仲和作乱，张保和吕兴也杀掉了瓜州刺史成庆和晋昌郡太守郭肆，与之呼应。独孤信率领怡峰，与新任凉州刺史史宁一同前去讨逆。瓜州主簿令狐整为对付张保，拿独孤信逼近凉州的威势，来诱骗他分兵援救凉州，趁机斩除了吕兴，重新拿回了瓜州。

【五月】宇文仲和仍然占据着凉州城不肯投降，独孤信利用声东击西的策略，于西南角夜袭成功，攻克了凉州城，擒获了宇文仲和，俘虏其民六千户，送至长安。独孤信因此功，拜为大司马。（根据《北史》的叙述）

【六月】东魏升任侯景为河南大将军和大行台。

【七月】梁武帝再次宽刑，并颁令全国通用足陌钱，但百姓不遵。太子萧纲对梁武帝过于宽纵皇室而不满。高欢朝于邺城，高澄将洛阳石碑迁至邺城。王思政担任荆州刺史，提议由韦孝宽镇守玉壁。

【九月】东魏包围了玉壁，韦孝宽智斗高欢。

【十一月】东魏在五十天内折损了七万人，高欢气急生病，只能撤围。韦孝宽晋爵为建忠公。高欢命斛律金唱《敕勒歌》鼓震士气，后上书请求解除都督中外诸军的职务。

【当年】西魏重臣苏绰逝世。独孤信发觉宇文泰对他戒心加重，有意请求还朝为官，不被允准。（《周书》《北史》中，说大统十四年时，独孤信"在陇右岁久，启求还朝，周文不许"应为倒叙。此事，必然是在大统十三年前发生的。）

【往来】李贤（北周宣帝宇文赟和皇后杨丽华的女儿之夫李敏的祖父）："十二年，随独孤信征凉州，平之。"

【547 年（西魏大统十三年），独孤信 45 岁。】

【正月】高欢逝世，世子高澄封锁了消息，准备对付侯景。侯景以割地河南的条件，投奔西魏。

【三月】西魏颁令废除宫刑，以虚衔安抚侯景。侯景转投梁武帝，被封为河南王，朝中大臣多以为不妥。梁武帝再次出家。羊鸦仁负责接应侯景。西魏大赦天下。

东魏魏收（或杜弼）写《檄梁文》，在其中诡称独孤信"据陇右不从"，宇文泰猜忌之心更重，命独孤信转镇河阳，防备柔然。其陇右大都督、秦州刺史等职，由宇文导代任。

【四月】高澄朝见孝静帝，席间起舞，被人预测为不祥之兆。梁文武百官再次捐钱为皇帝赎身。

【五月】东魏大赦天下。高洋担任尚书令、领中书监。高澄派兵袭击侯景，侯景被困颍川，割让东荆、北兖州、鲁阳、长社四城，来求取西魏的援救。宇文泰允准，但侯景又同时跟梁武帝密商大事。（《资治通鉴》中，说独孤信是在此月拜为大司马，疑误。）

【六月】侯景再三权衡后，投降梁，并带走西魏一千余名将

士。高澄在晋阳为父亲高欢发丧。

【七月】孝静帝为高欢举行哀悼仪式，并追封为齐王，高澄成为东魏实际领袖。

【八月】高欢落葬。梁武帝讨伐东魏，重用侯景。

【548 年（西魏大统十四年），独孤信 46 岁。】

【正月】侯景对东魏武将慕容绍宗使攻心计，对方放过了他。侯景反复无常，引起南朝有识之士的警觉。西魏皇长孙降生，大赦天下。太子妃为宇文泰长女。

【二月】梁武帝打算与东魏恢复往来，被侯景识破。侯景做好叛变梁的准备。

【四月】东魏军进攻颍川，王思政苦守。

【五月】宇文泰升任为太师。宇文泰侍奉太子元钦巡抚西部边境地区，得知独孤信准备为母发丧行服，也到河阳去致哀。独孤信上陈哀苦，想去东魏奔丧，不被允许。为安抚独孤信，宇文泰追赠其父库者为司空公，其母费连氏为常山郡君。西魏文帝身体状况不佳。梁武帝主动恢复与东魏的往来。

【六月】高澄巡北境。

【八月】东魏夺取了长江、淮河以北，约二十三个州。侯景和临贺王萧正德相互勾结。在寿阳反叛。十六日，梁武帝下诏柳仲礼等人讨伐侯景。

【九月】侯景破谯州，都官尚书羊侃的计策，不被梁武帝采纳。侯景打算渡江。

【十一月】侯景拥萧正德为梁帝。邵陵王萧纶、湘东王萧绎等，纷纷前来勤王。

【当年】宇文泰长子宇文毓，与独孤信长女成婚。多年来，独孤信军功卓著，在此年进位为"柱国大将军"，其功荫蔽后嗣。享有食邑一千户的子嗣有：第二子魏宁县公独孤善，第三子文侯县侯独孤穆，第四子义宁县侯独孤藏；享有食邑五百户的子嗣有：第五子顺项城县伯，第六子陀建忠县伯。

【549 年（西魏大统十五年），独孤信 47 岁。】

【正月】柳仲礼险些被侯景刺死，梁太子萧纲用风筝求援军。

【二月】东魏四千余户百姓，归附西魏。侯景诈称，要与梁武帝求和。

【三月】侯景掘开玄武湖，灌台城，入见梁武帝。

【四月】宇文泰增援不及，颍川势危，但对方慕容绍宗战死。

【五月】梁武帝病饿而死。侯景扶持太子萧纲为傀儡皇帝。

【六月】颍川失守，王思政自杀未果，投降于高澄。

【八月】高澄遇刺而死，太原公高洋快速应变。

【十二月】梁陈霸先，交结郡中豪杰，准备讨伐侯景。

【当年】"西魏八柱国"中，除宇文泰、元欣、独孤信、李虎和李弼，赵贵、于谨、侯莫陈崇在此时得以加衔。

【550 年（西魏大统十六年），独孤信 48 岁。】

【正月】梁大赦天下。高洋位相国，总百揆，备九锡，为齐郡王。西魏杨忠围攻梁安陆，得汉东之地。

【二月】湘东王萧绎依附于西魏。侯景派人攻打梁室诸蕃王，

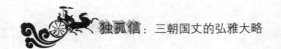

屠广陵，强娶简文帝的女儿溧阳公主。江南民不聊生，白骨成堆。高洋进爵为齐王。

【五月】高洋篡东魏，建号为"齐"，史称"北齐"，孝静帝降为中山王，东魏亡。

【七月】梁王萧詧去年已请求归附，宇文泰扶持其为梁王，后来建"西梁"（史称）。萧詧至西魏朝见皇帝。

【十月】侯景自封"宇宙大将军"。文宣帝高洋锐意图治。

【当年】西魏正式建立起府兵，最高统帅合称"八柱国"，下括十二大将军，各统二十四开府（二十四军）。十月，独孤信率陇右数万人东讨，从崤阪还军后，迁为尚书令。此后，收李屯于帐下（推算），赐姓为"独孤"，其子独孤楷在后世颇有建树。

【551 年（西魏大统十七年），独孤信 49 岁。】

【三月】文帝元宝炬崩，共在位 17 年，太子钦继立为帝。

【四月】西魏葬先帝于永陵。

【五月】西魏八柱国之一的李虎（陇西襄公）过世。

【六月】侯景兵败而退。

【八月】侯景废简文帝，立豫章王萧栋为帝，改元"天正"。

【十一月】侯景废帝自立，国号为"汉"，改元"太始"。

【十二月】中山王元善见被鸩杀，葬于邺西漳北。其三子也未得幸免。

【当年】西魏嫁长乐公主于突厥首领阿史那土门。中书令、著作郎魏收受北齐皇帝高洋之命，编纂《魏书》。独孤信次子独孤善为骠骑大将军、开府仪同三司，加侍中，进爵长城郡公；第三子独孤穆进爵为金泉县公；第四子独孤藏进爵为武平县公。

【552 年（西魏废帝元年），独孤信 50 岁（事迹阙载）。】

【正月】西魏十二大将军之一的王雄，攻取了上津、魏兴。

【三月】侯景兵败后，逃至晋陵，又往东前往吴郡。

【四月】北齐大都督潘乐等攻占阳平。文宣帝高洋命原孝静帝皇后（太原公主）改嫁于右仆射杨愔。侯景被部将羊鹍杀死，其尸体被送至建康，军民争食，持续四年的侯景之乱终于平定。武陵王萧纪（萧绎八弟），时任益州刺史，于成都称帝。

【五月】北齐和湘东王萧绎互相聘问，萧绎也派舍人魏彦去西魏通报侯景之乱的情形。

【六月】萧绎立安南侯萧方矩为王太子。

【八月】西魏黄众宝生乱，宇文泰派王雄和宇文虬前去讨伐。

【九月】萧绎升任王僧辩为扬州刺史。

【十一月】萧绎在江陵即位，是为梁元帝，立王太子方矩为皇太子，更名元良。

【553 年（西魏废帝二年），独孤信 51 岁（事迹阙载）。】

【正月】陈霸先代替王僧辩镇守扬州。文宣帝高洋出兵，欲伐山胡。

【二月】宇文泰辞丞相、大行台等职，仍出任都督中外诸军事，并赦免了黄众宝。

【三月】柔然科罗遣使，西魏得良骏五万。武陵王萧纪率兵东下，与梁元帝萧绎争权。萧绎求援于西魏，宇文泰打定主意要

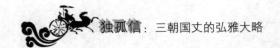

夺蜀地，制梁，应之。其外甥尉迟迥（十二大将军之一）领军伐蜀。宇文泰讨伐吐谷浑可汗夸吕。

【六月】萧绎与萧纪兄弟谈判失败。

【七月】萧纪兵败被杀，太子萧圆照被饿死。

【八月】尉迟迥接受萧和、萧圆肃投降，占益州。萧绎决心在江陵定都。

【九月】高洋准备亲征契丹。

【十月】北齐军大胜。

【十一月】因突厥猛攻柔然，柔然举国归投北齐。不久后，突厥请降进贡。西魏尚书元烈意欲谋杀宇文泰，不果，反而被其杀害。宇文泰打算夺取江陵，萧绎只能不断进贡讨好。

【554 年（西魏废帝三年，恭帝元年），独孤信 52 岁（事迹阙载）。】

【正月】高洋讨伐山胡，平定石楼，性情开始暴虐起来。宇文泰效法周朝官制，制定九品典章。

【二月】元钦谋刺宇文泰，因泄密而被废黜。宇文泰另立齐王元廓为帝，并恢复包括"拓拔"在内的鲜卑旧姓。

【四月】高洋讨伐柔然。宇文泰鸩杀废帝元钦，宇文皇后不日后殉情（一说，宇文泰赐死）。

【七月】高洋回到邺城。宇文泰西巡，到达原州。

【八月】高洋残杀高隆之。

【九月】高洋巡视新城堡，想图谋西魏军，不果。梁元帝萧绎讲论《老子》。西魏于谨、宇文护、杨忠带兵征伐梁。

【十一月】萧绎焚书。

【十二月】萧绎被处死。宇文泰不允于谨退休。

【当年】章武孝公宇文导去世，万人哭祭。

【555 年（恭帝元廓二年），独孤信 53 岁（事迹阙载）。】

【正月】西魏培植萧詧为梁朝的傀儡皇帝，史称"西梁""后梁"。高洋立贞阳侯萧渊明为梁王。

【二月】王僧辩、陈霸先等奉立晋安王萧方智承梁的朝制。

【五月】萧渊明于建康称帝。

【九月】萧渊明逊位。

【十月】萧方智即皇帝位。

【当年】宇文泰奏请如古制，降爵为公。

【556 年（恭帝元廓三年），独孤信 54 岁】

【正月】初一，西魏始依《周礼》更定六官：太师、大冢宰宇文泰，太傅、大司徒李弼，太保、大宗伯赵贵，大司马独孤信，大司寇于谨，大司空侯莫陈崇。

【四月】宇文泰打算立宇文觉为世子，担心独孤信支持女婿宇文毓，便与尚书左仆射李远演出好戏，给独孤信施压。之后，宇文泰北巡。

【八月】宇文泰北渡黄河，染疾。

【九月】宇文泰在泾州托孤于宇文护。

【十月】宇文泰过世。宇文护辅政，宇文觉嗣位为太师、大冢宰。

【当年】高洋越发贪杯淫逸，暴行无度。

【557 年（北周孝闵帝宇文觉元年），独孤信 55 岁。】

【正月】西魏恭帝逊位为宋公。西魏历两代三帝，共 22 年。西魏亡国意味着北魏政权完全终结。周公宇文觉即天王位，建号为"周"，史称"北周"。宇文觉追尊宇文泰为文王，母元氏为文后。随即，任命李弼为太师，赵贵为太傅、大冢宰，独孤信为太保、大宗伯，中山公宇文护为大司马。独孤信又进封卫国公，邑万户。当月，将第七女独孤伽罗嫁陈留公杨忠长子杨坚。

【二月】楚公赵贵，与卫公独孤信商议废黜晋公宇文护，独孤信表示暂时不可，但开府仪同三司宇文盛告发了此事。十八日，赵贵上朝，被宇文护诛杀。宇文护又以同谋罪，罢独孤信官职。接下来，进行人事调整：于谨为太傅，大宗伯侯莫陈崇为太保，晋公宇文护为大冢宰，柱国贺兰祥为大司马，高阳公达奚武为大司寇。当月，宇文护杀西魏恭帝。

【三月】宇文护担心独孤信名望重，不敢亲自下手，便在初十那天，逼他在府中自尽于家。独孤信卒年 55 岁。

【四月】北齐与梁朝请求和好。

【九月】宇文护废孝愍帝为略阳公，迎接时任岐州刺史的宁都公宇文毓为帝。宇文护逼李远自杀。

【十月】宇文护杀略阳公，废王后元氏，令其削发为尼。宇文毓即帝位，大赦天下。梁敬帝禅让于陈霸先。李弼去世。

附录二　史籍中的相关记载

一、《周书卷十六列传第八独孤信传》

独孤信，云中人也。本名如愿。魏氏之初，有三十六部，其先伏留屯者，为部落大人，与魏俱起。祖俟尼，和平中，以良家子自云中镇武川，因家焉。父库者，为领民酋长，少雄豪有节义，北州咸敬服之。信美容仪，善骑射。正光末，与贺拔度等同斩卫可孤。由是知名。以北边丧乱，避地中山，为葛荣所获。信既少年，好自修饰，服章有殊于众，军中号为独孤郎。及尔朱氏破葛荣，以信为别将。从征韩娄，信匹马挑战，擒贼渔阳王袁肆周，以功拜员外散骑侍郎。寻转骁骑将军，因镇滏口。元颢入洛，荣以信为前驱，与颢党战于河北，破之。拜安南将军，赐爵

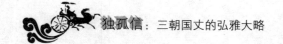

爱德县侯。

建明初，出为荆州新野镇将，带新野郡守。寻迁荆州防城大都督，带南乡守。频典二部，皆有声绩。贺拔胜出镇荆州，乃表信为大都督。从胜攻梁下溠戍，破之，迁武卫将军。及胜弟岳为侯莫陈悦所害，胜乃令信入关，抚岳余众。属太祖已统岳兵，信与太祖乡里，少相友善，相见甚欢。因令信入洛请事，至雍州，大使元毗又遣信还荆州。寻征信入朝，魏孝武雅相委任。及孝武西迁，事起仓促，信单骑及之于瀍涧。孝武叹曰："武卫遂能辞父母，捐妻子，远来从我。世乱识贞良，岂虚言哉。"即赐信御马一匹，进爵浮阳郡公，邑一千户。

时荆州虽陷东魏，民心犹恋本朝。乃以信为卫大将军、都督三荆州诸军事，兼尚书右仆射、东南道行台、大都督、荆州刺史以招怀之。信至武陶，东魏遣其弘农郡守田八能，率蛮左之众，拒信于淅阳；又遣其都督张齐民，以步骑三千出信之后。信谓其众曰："今我士卒不满千人，而首尾受敌。若却击齐民，则敌人谓为退走，必来要截。未若先破八能。"遂奋击，八能败而齐民亦溃。信乘胜袭荆州。东魏刺史辛纂勒兵出战。士庶既怀信遗惠，信临阵喻之，莫不解体。因而纵兵击之，纂大败，奔城趋门，未及阖，信都督杨忠等前驱斩纂。语在《忠传》。于是三荆遂定。就拜车骑大将军、仪同三司。东魏又遣其将高敖曹、侯景等率众奄至。信以众寡不敌，遂率麾下奔梁。居三载，梁武帝方始许信还北。信父母既在山东，梁武帝问信所往，信答以事君无二。梁武帝深义之，礼送甚厚。

大统三年秋，至长安。自以亏损国威，上书谢罪。魏文帝付尚书议之。七兵尚书、陈郡王玄等议，以为"边将董戎，龚行天罚，丧师败绩，国刑无舍。荆州刺史独孤如愿，任当推毂，远袭襄、宛，斩贼帅辛纂，传首京师，论功语效，实合嘉赏。但庸绩不终，旋致沦没，责成之义，朝寄有违。然孤军数千，后援未接，贼众我寡，难以自固。既经恩降，理绝刑书。昔秦宥孟明，汉舍广利，卒能改过立功，垂芳竹帛。以今方古，抑有成规。臣等参议，请赦罪，复其旧职"。魏文帝诏曰："如愿荆、襄之役，实展功效。既属强寇，力屈道穷，归贼不可，还朝路绝，适事求宜，未足称过。违难如吴，诚贯夷险，义全终始，良可嘉叹。复情存谦退，款心谢责。宁容议及恩降，止云免咎，斯则事失权宜，理乖通变。可转骠骑大将军，加侍中、开府，其使持节、仪同三司、浮阳郡公悉如故。"寻拜领军。仍从太祖复弘农，破沙苑，改封河内郡公，增邑二千户。时俘虏有信亲属，始得父凶问，乃发丧行服。寻起为大都督，率众与冯翊王元季海入洛阳。颖、豫、襄、广、陈留之地，并相继款附。四年，东魏将侯景等率众围洛阳。信据金墉城，随方拒守，旬有余日。及太祖至瀍东，景等退走。信与李远为右军，战不利，东魏遂有洛阳。六年，侯景寇荆州，太祖令信与李弼出武关。景退，以信为大使，慰抚三荆。

寻除陇右十州大都督、秦州刺史。先是，守宰暗弱，政令乖方，民有冤讼，历年不能断决。及信在州，事无壅滞。示以礼教，劝以耕桑，数年之中，公私富实。流民愿附者数万家。太祖以其信著遐迩，故赐名为信。七年，岷州刺史、赤水蕃王梁仚定举兵反，诏信讨之。仚定寻为其部下所杀。而仚定子弟，仍收其余众。信乃勒兵向万年，顿三交口。贼并力拒守，信因诡道趋稠松领。贼不虞信兵之至，望风奔溃。乘胜逐北，径至城下，贼并出降。加授太子太保。邙山之战，大军不利。信与于谨收散卒自后击之，齐神武追骑惊扰，诸军因此得全。十二年，凉州刺史宇文仲和据州不受代，太祖令信率开府怡峰讨之。仲和婴城固守，信夜令诸将以冲梯攻其东北，信亲帅壮士袭其西南，值明克之。擒仲和，虏其民六千户，送于长安。拜大司马。十三年，大军东讨。时以茹茹为寇，令信移镇河阳。十四年，进位柱国大将军。录克下溠、守洛阳、破岷州、平凉州等功，增封，听回授诸子。于是第二子善封魏宁县公，第三子穆文侯县侯，第四子藏义宁县侯，邑各一千户；第五子顺项城县伯，第六子陀建忠县伯，邑各五百户。信在陇右岁久，启求还朝，太祖不许。或有自东魏来者，又告其母凶问，信发丧行服。属魏太子与太祖巡北边，因至河阳吊信。信陈哀苦，请终礼制，又不许。于是追赠信父库者司空公，追封信母费连氏常山郡君。十六年，大军东讨，信率陇右数万人从军，至崤坂而还。迁尚书令。六官建，拜大司马。孝闵帝践阼，迁太保、大宗伯，进封卫国公，邑万户。

赵贵诛后，信以同谋坐免。居无几，晋公护又欲杀之，以其名望素重，不欲显其罪，逼令自尽于家。时年五十五。

信风度弘雅，有奇谋大略。太祖初启霸业，唯有关中之地，以陇右形胜，故委信镇之。既为百姓所怀，声振邻国。东魏将侯景之南奔梁也，魏收为檄梁文，矫称信据陇右不从宇文氏，仍云无关西之忧，欲以威梁人也。又信在秦州，尝因猎日暮，驰马入城，其帽微侧。诘旦，而吏民有戴帽者，咸慕信而侧帽焉。其为邻境及士庶所重如此。

子罗，先在东魏，乃以次子善为嗣。及齐平，罗至。善卒，又以罗为嗣。罗字罗仁。大象元年，除楚安郡守，授仪同大将军。

善字伏陀，幼聪慧，善骑射，以父勋，封魏宁县公。魏废帝元年，又以父勋，授骠骑大将军、开府仪同三司，加侍中，进爵长安郡公。孝闵帝践阼，除河州刺史。以父负，久废于家。保定三年，乃授龙州刺史。天和六年，袭爵河内郡公，邑二千户。从高祖东讨，以功授上开府。寻除兖州刺史，政存简惠，百姓安之。卒于位，年三十八。赠使持节、柱国、定赵沧瀛五州诸军事、定州刺史。

信长女，周明敬后；第四女，元贞皇后；第七女，隋文献后。

周隋及皇家，三代皆为外戚，自古以来，未之有也。隋文帝践极，乃下诏曰："褒德累行，往代通规；追远慎终，前王盛典。故使持节、柱国、河内郡开国公信，风宇高旷，独秀生人，睿哲居宗，清猷映世。宏谟长策，道著于弼谐；纬义经仁，事深于拯济。方当宣风廊庙，亮采台阶，而世属艰危，功高弗赏。眷言令范，事切于心。今景运初开，椒闱肃建。载怀涂山之义，无忘褒纪之典。可赠太师、上柱国、冀定相沧瀛赵恒洺贝十州诸军事、冀州刺史，封赵国公，邑一万户。谥曰景。"

追赠信父库者使持节、太尉、上柱国、定恒沧瀛平燕六州诸军事、定州刺史，封赵国公，邑一万户。谥曰恭。信母费连氏，赠太尉恭公夫人。

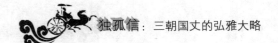
二、《北史卷六十一列传第四十九独孤信传》

独孤信，云中人也，本名如愿。魏初有四十六部，其先伏留屯者为部落大人，与魏俱起。祖俟尼，和平中，以良家子自云中镇武川，因家焉。父库者，为领人酋长，少雄豪有节义，北州咸敬服之。信美容仪，善骑射。正光末，与贺拔度等同斩卫可瑰，由是知名。后为葛荣所获。信既少年，自修饰服章，军中号为独孤郎。及尔朱氏破葛荣，以信为别将。从征韩娄，信匹马挑战，禽贼渔阳王袁肆周。后以破元颢党，赐爵受德县侯，迁武卫将军。贺拔胜出镇荆州，乃表信为大都督。及胜弟岳为侯莫陈悦所害，胜乃令信入关，抚岳余众。属周文帝已统岳兵，与信乡里，少相友善，相见甚欢，因令信人洛请事。至雍州，大使元毗又遣信还荆州。寻征入朝，魏孝武雅相委任。及孝武西迁，事起仓促，信单骑及之于瀍涧。孝武叹曰："武卫遂能辞父母，捐妻子从我，世乱识忠良，岂虚言哉！"进爵浮阳郡公。时荆州虽隐东魏，人心犹恋本朝，乃以信为卫大将军、都督三荆州诸军事，兼尚书右仆射、东南道行台、大都督、荆州刺史，以招怀之。既至，东魏刺史辛纂出战，信纵兵击纂，大败之。都督杨忠等前驱斩纂，于是三荆遂定。东魏又遣其将高敖曹、侯景等奄至。信以众寡不敌，遂率麾下奔梁。居三载，梁武帝方许信还北。信父母既在山东，梁武帝问信所往，答以事君无二。梁武义之，礼送甚厚。大统三年至长安，以亏损国威，上书谢罪。魏文帝付尚书议之。

七兵尚书、陈郡王玄等议，以为既经恩降，请赦罪复职。诏转骠骑大将军，加侍中、开府。寻拜领军将军。仍从复弘农，破沙苑，改封河内郡公。俘虏中有信亲属，始得父凶问，乃发丧行服。寻起为大都督，与冯翊王元季海入洛阳，颍、豫、襄、广、陈留之地并款附。四年，东魏将侯景等围洛阳，信据金墉城，随方拒守然有余日。及周文帝至瀍东，景等退走。信与李远为右军，战不处，东魏遂有洛阳。六年，侯景寇荆州，周文令信与李弼出武关，景退。即以信为大使，尉抚三荆。寻除陇右十一州大都督、秦州刺史。先是守宰阍弱，政令乖方，人有冤讼，历年不能断决。及信在州，事无拥滞。示以礼教，劝以耕桑，数年之中，公私富实，流人愿附者数万家。周文以其信著遐迩，故赐名为信。七年，岷州刺史赤水藩王梁仚定举兵反，诏信讨之。仚定寻为其部下所杀，而仚定子弟仍收其余众。信乃勒兵向万年，顿三交谷口。贼并力拒守。信因诡道趣稠松岭。贼不虞信兵之至，望风奔溃。乘胜逐北，径至城下，贼并出降。加授太子太保。

　　邙山之战，大军不利。信与于谨帅散卒自后击之，齐神武追骑惊扰，国因此得全。及凉州刺史宇文仲和据州不受代，周文令信率开府怡峰讨之。仲和婴城固守，信夜令诸将以冲梯攻其东北，信亲率壮士袭其西南，达明克之。禽仲和，虏六千户送于长安。拜大司马。十三年，大军南讨。时以蠕蠕为寇，令信移镇河阳。十四年，进位柱国大将军，录前后功，增封，听回授诸子。于是第二子善，封魏宁县公；第三子穆，必要县侯；第四子藏，义宁县侯，邑各一千户。第五子顺，武成县侯；第六子陀，建忠县伯，邑各五百户。信在陇右岁久，启求还朝，周文不许。或有自东魏来者，又告其母凶问，信发丧行服。信陈哀苦，请终礼

制，又不许。于是追赠信父库者司空公，追封信母费连氏常山郡君。十六年，迁尚书令。六官建，拜大司马。周孝闵帝践阼，迁大宗伯，进封卫国公，邑万户。赵贵诛后，信以同谋坐免。

居无几，晋公护又欲杀之，以其名望素重，不欲显其罪过，逼令自尽于家，时年五十五。信美风度，雅有奇谋大略。周文初启霸业，唯有关中之地，以陇右形胜，故委信镇之。既为百姓所怀，声震邻国。东魏将侯景之南奔梁也，魏收为檄梁文，矫称信据陇右，不从宇文氏，乃云"无关西之忧"，欲以委梁人也。又信在秦州，尝因猎日暮，驰马入城，其帽微侧，诘旦而吏人有戴帽者，咸慕信而侧帽焉。其为邻境及士庶所重如此。

子罗，先在东魏，乃以次子善为嗣。及齐平，罗至而善卒，又以罗主嗣。信长女周明敬后，第四女元贞后，第七女隋文献后。周、隋及皇家三代皆为外戚，自古以来，未之有也。隋文帝践极，乃下诏褒赠信太师、上柱国、十州诸军事、冀州刺史，封赵国公，邑一万户，谥曰恭，信母费连氏赠太尉赵恭公夫人。罗，字罗仁。父信随魏孝武入关中，罗遂为高氏所囚。及信为宇文护诛，罗始见释。寓居中山，孤贫无以自给。齐将独孤永业以宗族故，哀之，为买田宅，遗以资畜。

初，信入关后，复娶二妻。郭氏生子六人，善、穆、藏、顺、陀、整；崔氏生隋献皇后。及齐亡，隋文帝为定州总管，献皇后遣人求罗，得之。相见悲不自胜，侍御者皆泣。于是厚遗车马财物。未几，周武帝以罗功臣子，久沦异域，征拜楚安郡太守。以疾去官，归京师。诸弟见罗少长贫贱，每轻侮，不以兄礼事之。然性长者，亦不与诸弟校竞长短。后由是重之。文帝为丞相，拜罗仪同，常置左右。既受禅，诏追赠罗父。其诸弟以罗母没齐，先无夫人号，不当承袭。上以问后，后曰："罗诚嫡长，不可诬也。"于是袭爵赵国公。以其弟善为河内郡公，穆为金泉县公，藏为武平县公，陀为武喜县公，整为千牛备身。擢拜罗为左领左右将军，迁左卫将军，前后赏赐不可胜计。出为凉州总管，进位上柱国，征拜左武卫大将军。炀帝嗣位，改封蜀国公。未几卒官，谥曰恭。

子纂嗣，位河阳都尉。

纂弟武都，大业末，亦为河阳都尉。

庶长子开远。宇文化及之弑逆也，裴虔通率贼入成象殿，宿卫兵士皆从逆。开远时为千牛，与独孤盛力战合下，为贼所执，贼义而舍之。

善字伏陀。幼聪慧，善骑射，以父勋，封魏宁县公。魏废帝元年，又以父勋，授骠骑大将军、开府仪同三司，加侍中，进爵长城郡公。周孝闵帝践阼，除河州刺史。以父负衅，久废于家。保定三年，乃授龙州刺史。天和六年，袭爵河内郡。从帝东讨，以功授上开府。寻除兖州刺史，政在简惠，百姓安之。卒于州，赠持节、柱国、五州诸军事、定州刺史。

子览嗣，位右候卫大将军。大业末卒。

陀字黎邪。仕周，胥附上士。坐父徙蜀十余年，宇文护诛，始归长安。隋文帝禅，拜上开府、领左右将军，累转延州刺史。陀性好左道，其外祖母高氏先事猫鬼，已杀其舅郭沙罗，因转入其家。上微闻而不信。会献皇后及杨素妻郑氏俱有疾，召医视之，皆曰："此猫鬼疾。"上以陀，后之异母弟，陀妻，杨素之异

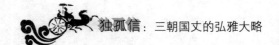

母妹，由是意陀所为。阴令其兄左监门郎将穆以情喻之，上又避左右讽陀，陀言无有。上不说，左转迁州刺史。出怨言，上令左仆射高颎、纳言苏威、大理正皇甫孝绪、大理丞杨远等杂案之。陀婢徐阿尼言：本从陀母家来，常事猫鬼，每以子日夜祀之。言子者鼠也。其猫鬼每杀人者，所死家财物潜移于畜猫鬼家。陀尝从家中索酒，其妻曰："无钱可酤。"陀因谓阿尼曰："可令猫鬼向越公家，使我足钱。"阿尼便咒之，居数日，猫鬼向素家。

后上初从并州还，陀于园中谓阿尼曰："可令后鬼向皇后所，使多赐吾物。"阿尼复咒之，遂入宫中。杨远乃于门下外省遣阿尼呼猫鬼，阿尼于是夜中置香粥一盆，以匙扣而呼曰："猫女可来，无住宫中。"久之，阿尼色正青，若被牵拽者，云猫鬼已到。上以其事下公卿。奇章公牛弘曰："妖由人兴，杀其人，可以绝矣。"上令犊车载陀夫妻，将赐死于其家。陀弟司勋侍中整诣阙求哀，于是免陀死，除名，以其妻杨氏为尼。先是有人讼其母为人猫鬼所杀者，上以为妖妄，怒而遣之。及此，诏诛被讼行猫鬼家。陀未几而卒，炀帝即位，追念舅氏，听以礼葬。乃下诏赠正义大夫。帝意犹不已，复赠银青光禄大夫。二子，延福、延寿。

陀弟整，位幽州刺史。大业初，赠金紫光禄大夫、平乡侯。

三、《隋书卷七十九列传第四十四外戚》

独孤罗，字罗仁，云中人也。父信，初仕魏为荆州刺史。武帝之入关也，信弃父母妻子西归长安，历职显贵，罗由是遂为高氏所囚。信后仕周为大司马。及信为宇文护所诛，罗始见释，寓居中山，孤贫无以自给。齐将独孤永业以宗族之故，见而哀之，为买田宅，遗以资畜。初，信入关之后，复娶二妻，郭氏生子六人，善、穆、藏、顺、陀、整，崔氏生献皇后。及齐亡，高祖为定州总管，献皇后遣人寻罗，得之，相见悲不自胜，侍御者皆泣。于是厚遗车马财物。未几，周武帝以罗功臣子，久沦异域，征拜楚安郡太守。以疾去官，归于京师。诸弟见罗少长贫贱，每轻侮之，不以兄礼事也。然性长者，亦不与诸弟校竞长短，后由是重之。及高祖为丞相，拜仪同，常置左右。既受禅，下诏追赠罗父信官爵曰："褒德累行，往代通规，追远慎终，前王盛典。故柱国信，风宇高旷，独秀生民，睿哲居宗，清猷映世。宏谋长策，道著于弼谐，纬义经仁，事深于拯济。方当宣风廊庙，亮采台阶，而运属艰危，功高弗赏，眷言令范，事切于心。今景运初开，椒闱肃建，载怀涂山之义，无忘褒、纪之典。可赠太师、上柱国、冀定等十州刺史、赵国公，邑万户。"其诸弟以罗母没齐，先无夫人之号，不当承袭。上以问后，后曰："罗诚嫡长，不可诬也。"于是袭爵赵国公。以其弟善为河内郡公，穆为金泉县公，藏为武平县公，陀为武喜县公，整为千牛备身。擢拜罗为左领左右将军，寻迁左卫将军，前后赏赐不可胜计。久而出为凉州总管，进位上柱国。仁寿中，征拜左武卫大将军。炀帝嗣位，改封蜀国公。未几，卒官，谥曰恭。

子纂嗣，仕至河阳郡尉。纂弟武都，大业末，亦为河阳郡尉。庶长子开远，宇文化及之弑逆也，裴虔通率贼入成象殿，宿卫兵士皆从逆，开远时为千牛，与独孤盛力战于阁下，为贼所执，贼义而舍之。善后官至柱国。卒，子览嗣，仕至左候卫将军，大业末卒。

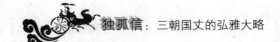

　　独孤陀，字黎邪。仕周胥附上士，坐父徙蜀郡十余年。宇文护被诛，始归长安。高祖受禅，拜上开府、右领左右将军。久之，出为郢州刺史，进位上大将军，累转延州刺史。好左道。其妻母先事猫鬼，因转入其家。上微闻而不之信也。会献皇后及杨素妻郑氏俱有疾，召医者视之，皆曰："此猫鬼疾也。"上以陀后之异母弟，陀妻杨素之异母妹，由是意陀所为，阴令其兄穆以情喻之。上又避左右讽陀，陀言无有。上不悦，左转迁州刺史。出怨言。上令左仆射高颎、纳言苏威、大理正皇甫孝绪、大理丞杨远等杂治之。陀婢徐阿尼言，本从陀母家来，常事猫鬼。每以子日夜祀之。言子者鼠也。其猫鬼每杀人者，所死家财物潜移于畜猫鬼家。陀尝从家中素酒，其妻曰："无钱可酤。"陀因谓阿尼曰："可令猫鬼向越公家，使我足钱也。"阿尼便咒之归。数日，猫鬼向素家。十一年，上初从并州还，陀于园中谓阿尼曰："可令猫鬼向皇后所，使多赐吾物。"阿尼复咒之，遂入宫中。杨远乃于门下外省遣阿尼呼猫鬼。阿尼于是夜中置香粥一盆，以匙扣而呼之曰："猫女可来，无住宫中。"久之，阿尼色正青，若被牵曳者，云猫鬼已至。上以其事下公卿，奇章公牛弘曰："妖由人兴，杀其人可以绝矣。"上令以犊车载陀夫妻，将赐死于其家。陀弟司勋侍中整诣阙求哀，于是免陀死，除名为民，以其妻杨氏为尼。先是，有人讼其母为人猫鬼所杀者，上以为妖妄，怒而遣之。及此，诏诛被讼行猫鬼家。经未几而卒。炀帝即位，追念舅氏，听以礼葬，乃下诏曰："外氏衰祸，独孤陀不幸早逝，迁卜有期。言念渭阳之情，追怀伤切，宜加礼命，允备哀荣。可赠正议大夫。"帝意犹不已，复下诏曰："舅氏之尊，戚属斯重，而降年弗永，凋落相继。缅惟先往，宜崇徽秩。复赠银青光禄大夫。"
有二子：延福、延寿。

陀弟整，官至幽州刺史，大业初卒，赠金紫光禄大夫，平
乡侯。

附录三　运用"侧帽"典故的诗词

（大致按照诗人出生年代排序）

1《病中闻河东公乐营置酒口占寄上》（唐·李商隐）

闻驻行春斾，中途赏物华。缘忧武昌柳，遂忆洛阳花。

嵇鹤元无对，荀龙不在夸。只将沧海月，长压赤城霞。

兴欲倾燕馆，欢终到习家。风长应侧帽，路隘岂容车。

楼迥波窥锦，窗虚日弄纱。锁门金了鸟，展障玉鸦叉。

舞妙从兼楚，歌能莫杂巴。必投潘岳果，谁掺祢衡挝。

刻烛当时忝，传杯此夕赊。可怜漳浦卧，愁绪独如麻。

2 《饮席代官妓赠两从事》（唐·李商隐）

> 新人桥上著春衫，旧主江边侧帽檐。
>
> 愿得化为红绶带，许教双凤一时衔。

3 《公子》（宋·杨亿）

> 夹道青楼拂彩霓，月轩宫袖案前溪。
>
> 锦鳞河伯供烹鲤，金距邻翁逐斗鸡。
>
> 细雨垫巾过柳市，轻风侧帽上铜堤。
>
> 珊瑚击碎牛心熟，香枣兰芳客自迷。

4 《清平乐》（宋·晏殊）

> 春云绿处，又见归鸿去。侧帽风前花满路，冶叶倡条情绪。
>
> 红楼桂酒新开，曾携翠袖同来。醉弄影娥池水，短箫吹落残梅。

5 《汉南州按行江浃以诗见寄》（宋·宋祁）

> 侧帽风轻过大堤，水村骄马惜障泥。
>
> 前驱夹道旗开隼，合宴传飧帐绕犀。
>
> 净练寒江供望阔，赤萍圆日对吟低。
>
> 轻筒络绎传清唱，知在春烟几曲溪。

6 《同年梅鼎臣赴凤翔幕兼省觐》（宋·宋祁）

> 酪和盘樱旧宴空，凤岐新辟逐旌弓。
>
> 坐陪府幄谈成薮，趋问家庭史有公。

春骱促浮萍叶紫，夜章催刻密枝红。

青袍玉骨英游盛，上路争看侧帽风。

7 《依韵和王景彝马上忽见槐花》（宋·梅尧臣）

六月御沟驰道间，青槐花上夏云山。

退朝侧帽惊时晚，近树闻香暗咏闲。

新雨贾生车喜出，旧年潘岳鬓添斑。

老惭太学无经术，空饱斋盐强往还。

8 《久雨见月》（宋·强至）

千门却灯烛，久雨爱冰轮。愁眼开今夕，清光对故人。

更长频侧帽，望极反沾巾。几为浮云掩，行藏类此身。

9 《雨中花》（宋·晁端礼）

倦贰文昌，乐请左符，双旌去指东藩。有腰金新宠，昼锦荣观。独步文章，家传素业，

世宝青毡。动欢声和气，里巷初惊，侍从衣冠。

朱门映柳，绮窗临水，盛游应记当年。端解道、香留罗袜，墨在蛮笺。惆怅江边侧帽，寻思花底遗鞭。不如沈醉，莫思身外，且斗樽前。

10 《怨三三》（宋·贺铸）

玉津春水如蓝，宫柳毵毵。桥上东风侧帽檐，记佳节、约是重三。

飞楼十二珠帘，恨不贮、当年彩蟾。对梦雨廉纤，愁随芳草，绿遍江南。

11《南乡子》（北宋·陈师道）

潮落去帆收。沙涨江回旋作洲。侧帽独行斜照里，飕飕。卷地风前更掉头。

语妙后难酬。回雁峰南未得秋。唤取佳人听旧曲，休休。瘴雨无花孰与愁。

12《鹧鸪天》（宋·朱敦儒）

唱得梨园绝代声，前朝惟数李夫人。自从惊破霓裳后，楚奏吴歌扇里新。

秦嶂雁、越溪砧，西风北客两飘零。尊前忽听当时曲，侧帽停杯泪满巾。

13《题望飞泉》（宋·太史章）

既晴安得雨霏霏，百道流泉落翠微。

侧帽试看绳引处，破烟千点湿人衣。

14《入白水访刘致中昆仲》（宋·刘子翚）

夜雨歇清晓，山椒云气昏。驾言聊出游，窈窕穷川原。

侧帽避横篠，扬袪障晴暾。春泉散石壁，细草罗丘园。

陟峻已逾岭，窥深更缘源。乔松傍涧折，垂柯激潺湲。

过籁寒惨惨，惊林白翻翻。造幽景寥闃，胜绝难具论。

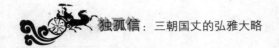

仆夫知余乐，踟蹰为停轩。惜无徙倚地，时来此开樽。

暮投鹅峰宿，青灯耿柴门。相从二三子，交情久弥敦。

谈玄测象象，揽佩纫兰荪。愿言固所怀，丘壑吾道尊。

15 《春社斋禁连雨不止赋呈梦得》（宋·洪迈）

岁丰农犹饥，岁恶何可说。哀哉半菽氓，罪岁同一舌。

年时旱尘涨，腊尽不见雪。青皇忽雨我，万顷麦苗活。

令尹民父母，沟壑思手挈。祈年被斋居，有酒不忍设。

那知桃李径，狼藉香泥滑。芳意一如此，坐恐及鶗鴂。

郊原伫开晴，出劳南亩饁。秋成已在眼，一醉宇宙豁。

更呼湔裙人，劝此侧帽客。和公斜川诗，磨石镌岁月。

16 《闲思》（宋·陆游）

睡美精神足，心空愈欲轻。读书无定课，饮酒不成酲。

日日东轩坐，时时北渚行。最奇乌桕下，侧帽听秋莺。

17 《杂感》（宋·陆游）

侧帽垂鞭小陌东，名花迎笑一枝红。

啼莺惊断寻春梦，惆怅新霜点鬓蓬。

18 《早行》（宋·陆游）

筰马践槐影，纱笼吹蜡香。凭鞭寻断梦，侧帽受微凉。

病骨更疏放，衰怀罢激昂。道边双石笋，笑我伴人忙。

附 录

19 《跨马过练墟喜晴》（宋·范成大）

稻穗初乾怕雨时，晚来蒸暖欲霏微。

西风若肯吹云尽，不惜飘飘侧帽归。

20 《清明日狸渡道中》（宋·范成大）

洒洒沾巾雨，披披侧帽风。花燃山色里，柳卧水声中。

石马立当道，纸鸢鸣半空。墦间人散后，乌鸟正西东。

21 《生查子》（宋·高观国）

芙蓉羞粉香，倚竹窥烟雾。眼带楚波寒，骨艳春风醉。

谁传侧帽情，想解遗鞭意。红叶可怜秋，不寄相思字。

22 《南柯子·丁酉清明》（宋·黄升）

天下传新火，人间试袷衣。定巢新燕觅香泥，不为绣帘朱户说相思。

侧帽吹飞絮，凭栏送落晖。粉痕销淡锦书稀，怕见山南山北子规啼。

23 《踏莎行》（清·纳兰性德）

倚柳题笺，当花侧帽，赏心应比驱驰好。错教双鬓受东风，看吹绿影成丝早。

金殿寒鸦，玉阶春草，就中冷暖和谁道。小楼明月镇长闲，人生何事缁尘老。

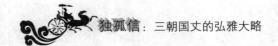

24 《墨兰歌》（清·曹寅）

折扇鄣风花向左，鸾飘凤泊惊婀娜。

巡枝数朵叹师承，颠倒离披无不可。

潇湘第一岂凡情，别样萧疏墨有声。

可怜侧帽楼中客，不在薰炉烟外听。

盛年戚戚愁无谓，井华饮处人偏贵。

饤桃敢信敌千羊，孤芳果亦空群卉。

张公健笔妙一时，散卓屈写幽兰姿。

太虚游刃不见纸，万首自跋那兰词。

交渝金石真能久，岁寒何必求三友。

祇今摆脱松雪肥，奇雅更肖彝斋叟。

25 《琵琶仙·秋日游金陵黄氏废园》（朝代不详·汉舒）

行秋士心情，况遇著、客里西风落叶。惆怅侧帽行来，
隔溪景凄绝。没半点、空香似梦，只几簇、野花如血。莎草
寒幽，石烟荒淡，莺蝶飞歇。

试问取、旧日繁华，有饼媪、浆翁尚能说。道是廿年弹
指，竟风光全别。真不信、寻常亭榭，也例逐、沧桑棋劫。
何怪宋苑陈宫，荒蛄吊月。

26《并游侠行》（朝代不详·刘国钧，全诗失载）

疲驴侧帽傲王侯，万金三却权门聘。

…………

生世幸逢唐与虞，安用龌龊同侏儒。

…………

兴至仍呼旧酒徒，挟弓篝火挨豺狐。

…………